高校体育教学与大学生体育实践能力培养研究

温正义 著

北京工业大学出版社

图书在版编目（CIP）数据

高校体育教学与大学生体育实践能力培养研究 / 温正义著. — 北京：北京工业大学出版社，2020.4（2021.10 重印）
ISBN 978-7-5639-7371-2

Ⅰ. ①高… Ⅱ. ①温… Ⅲ. ①体育－教学研究－高等学校 Ⅳ. ① G807.4

中国版本图书馆 CIP 数据核字（2020）第 076061 号

高校体育教学与大学生体育实践能力培养研究
GAOXIAO TIYU JIAOXUE YU DAXUESHENG TIYU SHIJIAN NENGLI PEIYANG YANJIU

著　　者：	温正义
责任编辑：	李　艳
封面设计：	点墨轩阁
出版发行：	北京工业大学出版社
	（北京市朝阳区平乐园 100 号　邮编：100124）
	010-67391722（传真）　　bgdcbs@sina.com
经销单位：	全国各地新华书店
承印单位：	三河市嵩川印刷有限公司
开　　本：	710 毫米 ×1000 毫米　1/16
印　　张：	11.5
字　　数：	230 千字
版　　次：	2020 年 4 月第 1 版
印　　次：	2021 年 10 月第 2 次印刷
标准书号：	ISBN 978-7-5639-7371-2
定　　价：	56.00 元

版权所有　翻印必究

（如发现印装质量问题，请寄本社发行部调换 010-67391106）

前　言

高等院校的体育教育专业在近年来一直是热门的专业,专业的定位就是将学生培养成同时具备理论知识和实践能力的体育教师,主要服务于基础教育。按照国家发展规划,体育教育类专业的培养目标主要是提高学生的体育教学水平,所以教学能力成为学生所有个人能力中最为重要的一部分。然而,现如今高等院校中体育教育类专业的学生尚不能具备这种能力。课前准备能力要求任课教师能够有针对性地筛选教学内容,能充分利用教学的器材以及场地,对课前的教案也要有良好的编写能力;教学实施能力要求教师能够利用自己的专业知识,合理安排学生的运动负荷,体育动作要规范演示,有效管理教学班级,现在的教师更注重的是对学生进行理论方面的培养,往往忽略了学生课下实践能力的锻炼;在课外的体育组织及指导能力方面,经调查研究发现,现在的教师对学生课外能力的培养很是重视;其他教学能力指的是教师对体育教学的发散能力以及对体育教学的研究能力,在这一方面,教师的重视程度不高,导致学生的综合能力和实践能力偏低。

作者针对上述情况进行调查分析,撰写了本书。本书重点论述了学校体育、体育与文化、体育与健康、高校体育教学的研究与探索、高校体育教学渗透心理健康教育以及高校体育实践能力培养等内容。

另外,作者在撰写本书时参考了许多国内外同行的著作和文献,在此一并向相关作者表示衷心的感谢。由于作者水平有限,书中难免存在不足之处,敬请广大读者批评指正。

目 录

第一章 学校体育概述 ... 1
  第一节 体育的概念 ... 1
  第二节 体育的组成 ... 1
  第三节 体育的功能 ... 3
  第四节 高等学校体育的目的和任务 ... 6
  第五节 高等学校体育教育的基本途径 ... 8
  第六节 普通高等学校体育课程目标 ... 10

第二章 体育与文化 ... 13
  第一节 文化与体育文化 ... 13
  第二节 中西方体育文化的差异 ... 19
  第三节 奥林匹克文化 ... 23

第三章 体育与健康 ... 39
  第一节 健康与体育锻炼 ... 39
  第二节 体质健康与体育锻炼 ... 50
  第三节 心理健康与体育锻炼 ... 64
  第四节 社会适应与体育锻炼 ... 75

第四章 高校体育教学的研究与探索 ... 85
  第一节 高校体育教学指导思想与制约因素 ... 85
  第二节 高校体育教学的目标、内容、方法和评价 ... 87

第三节　高校体育教学环境的构成与设计 …………………………… 98
　　第四节　高校体育教学模式的发展趋势研究 ………………………… 101
　　第五节　高校体育教学现状的分析和创新设想 ……………………… 105
　　第六节　高校体育教学改革的研究 …………………………………… 107

第五章　高校体育教学渗透心理健康教育 ………………………………… 117
　　第一节　高校体育教学渗透心理健康教育的含义与作用 …………… 117
　　第二节　高校体育教学渗透心理健康教育的目标与过程 …………… 122
　　第三节　高校体育教学渗透心理健康教育的内容与方法 …………… 127
　　第四节　高校体育教学渗透心理健康教育的原则与策略 …………… 140
　　第五节　体育教师心理健康对大学生心理健康的影响 ……………… 144

第六章　高校体育实践能力培养 …………………………………………… 149
　　第一节　篮球运动实践能力培养 ……………………………………… 149
　　第二节　排球运动实践能力培养 ……………………………………… 163
　　第三节　形体训练 ……………………………………………………… 170

参考文献 ……………………………………………………………………… 175

第一章　学校体育概述

第一节　体育的概念

所谓概念,是指对某一事物属性的一种准确判断。那么什么是"体育"呢?19世纪60年代,从西方传入的"体育"一词是指与维持和发展身体的各种活动有关联的一种教育过程。近几十年来,随着人类社会的不断进步和体育实践的日益丰富,当出现体育教育、竞技运动和身体锻炼三个既有区别又相互联系的内容,并逐渐形成与教育、文化相并列的新体系之后,原指体育教育的"体育"概念已不能涵盖具有相对独立体系的"竞技运动"和"身体锻炼"。根据我国体育发展的特点和规律,可以为"体育"下这样一个定义:体育是一种特殊的社会现象,它是以发展身体、增强体质、增进健康为基本特征的教育过程和社会文化活动。它应包括体育教育、竞技运动和身体锻炼三方面的内容。体育既受一定的社会政治、经济的影响和制约,也为一定的社会政治、经济服务。同时必须指出,体育的概念并不是一成不变的,随着社会的不断发展,人们对体育的认识还会进一步深化。

第二节　体育的组成

体育从产生后发展到现在,都是随着社会生产力的发展而发展的,带有明显的时代特征。现代体育由学校体育、竞技体育、群众体育组成。

一、学校体育

学校体育是学校教育的重要组成部分,是全民体育的基础。它按不同教育阶段和年龄特征,通过体育课程、课余体育训练及课外体育活动这三种基本形式，围绕"增强体质"这个中心，全面实现学校体育的各项目标，使学生在德、智、体、美几方面都得到发展。随着社会的不断发展，现代体育教育既重视增强体质的近期效益，又注重培养学生的体育意识，讲究体育锻炼的科学性，进行终身体育教育，为学生的终身体育打下良好的思想、技能和理论基础。学校体育还将为国家培养和输送竞技体育人才，以适应当代社会和青年日益提高的精神、文化生活的需求。

二、竞技体育

竞技体育是为了最大限度地发挥个人或集体的运动能力去争取优异成绩而进行的运动训练和竞赛。目前有50多种运动项目用于国际比赛。由于竞技体育的表演技艺高超，竞争性强，极易吸引广大观众，所以它富有感染力，又容易传播精神力量，在活跃社会文化氛围、振奋民族精神、提高国际威望、促进友谊等方面都有重要的意义。当前，随着竞技水平的不断提高，为了参加日趋激烈的赛场竞争，各国普遍采用先进的科学训练方法和手段，以探索人类运动的极限。我国在竞技体育方面从一个极其落后的国家发展为亚洲体育强国，并向世界体育强国迈进。

三、群众体育

群众体育也称大众体育或社会体育，是以健身、健美、娱乐、医疗为目的，内容丰富、形式多样的体育活动。国内外经常提到的娱乐体育、休闲体育、养生体育等均可列入此范畴。现代社会的生产、工作和生活节奏加快，只有拥有健康的身体和旺盛的精力，才能适应这种节奏。同时，现代科学技术既给人类带来了舒适和方便，也带来了许多不利因素，如环境污染、生态失去平衡、缺乏运动和营养过剩造成各种"文明病"。人们越来越认识到，只有科学地进行体育锻炼，才能保持和促进身体健康。因此，大众体育是现代人的一种生活方式，也是提高生活质量必不可少的手段。目前我国的各种"健康城""康复中心"和"健身俱乐部"正吸引着大批体育爱好者。

第三节 体育的功能

一、体育的健身功能

"强身健体"是体育的本质功能。体育以身体运动为基本表现形式，通过科学的身体锻炼给予各器官、系统以一定量和强度的刺激，促使身体在形态结构、生理机能等方面发生一系列适应性反应和趋优变化，从而增进健康、增强体质。

（一）体育对增进健康的作用

"身体健康"是指具有正常的生长发育、良好的生理功能、平衡的心理、充沛的精力及承担负荷后的适宜反应。那么怎样才能促进和保持身体健康呢？早在公元前300年，古希腊伟大思想家亚里士多德"生命在于运动"的名言，就深刻揭示了运动对身体健康所起的重要作用。后来的医学关于"适者生存"、生理学关于"用进废退"的原理又证明：人的健康状态和工作效率，不仅取决于全身各器官、系统的功能和相互协调，还有赖于使身体获得对自然和社会环境的适应能力。而这种能力的获得，除受制于不同的生活环境外，还在相当程度上与体育锻炼有关。实践证明，科学地从事体育锻炼，由中枢神经和内分泌系统产生的良好刺激，对促进人体新陈代谢，改善血液循环和呼吸功能，延缓有机体适应能力的降低，推迟生物体各组织器官结构、功能发生退化性变化都有明显的效果。因此，为了促进青年人的生长发育，为了使中年人保持旺盛的精力和老年人延年益寿，凡是经济发达的国家，都大力提倡"为生命而跑""为健康散步"。

早在20世纪70年代就有人提出生理—心理—社会医学的新模式，强调在健康诊断中，应包括和考虑由社会环境引起的心理活动因素，并把良好的心理调节能力和讲究精神卫生作为判断精神健康的基础。诚然，影响这种"基础"的因素有很多，但体育锻炼所起的作用是至关重要的。因为通过各种体育锻炼，可以磨炼人的意志品质，催人奋发进取，培养集体观念，增强组织纪律性，协调人际关系，从而提高心理调节能力，有利于排除各种不健康的心理因素，使人体在与环境的和谐统一中变得欢乐、轻快和活泼，最终达到精神健康的目的。

（二）体育对增强体质的作用

在现实生活中，带有不健康因素的人总是属于大多数。据医学统计，世界上 50%～70% 的人都有身体不健康的表现，如果再进行更精细的检查，这种表现就会更多。但为何这些不健康因素往往不被人所察觉呢？其实这正是体质对健康的弥补作用。体质作为健康的物质基础，既然意义如此重要，那么体育对增强体质的作用又如何呢？实践证明，科学的体育锻炼在改造人体器官、系统方面所起的作用，不仅有利于骨骼、肌肉的生长，促使身体形态与内脏器官正常发育，还能提高人体对外界的适应能力，改善血液循环、呼吸、消化等系统的机能状况，使人的"防卫体力"得到提高。另外，系统地进行体育锻炼对力量、耐力、灵敏、柔韧等素质的提高有十分明显的功效。这表明，当"防卫体力"和"行动体力"得到同步发展时，人体就能充分发挥潜在的运动功能，提高对环境的适应能力，最终达到增强体质的目的。

二、体育的教育功能

教育功能是体育最基本的社会功能，就其作用的广泛性而言，它对人类社会产生的影响，是体育的其他社会功能无法比拟的。

（一）体育在学校中的教育作用

马克思主义关于教育的经典论述，从来都把体育视为学校教育不可缺少的组成部分，并始终重视它在这个特定领域里对培养全面发展的人才所起的重要作用。因此，利用身心共同参与体育过程的有利条件，培养学生将来担任社会角色所必备的素养，以适应未来社会生活和工作的需要，是体育在学校发挥教育作用的主要使命。为达到此目的，学校通过完整的体育教育过程对受教育者进行政治思想、意志品质、道德情操和发展身体的教育，使他们获得基本的体育理论知识，掌握必要的运动技能，学会科学锻炼身体的方法，提高运动实践能力，养成锻炼身体的习惯。

（二）体育在社会中的教育作用

就社会教育意义而言，体育具有独特的活动性、技艺性、竞争性、群聚性、国际性和礼仪性等特点，它作为一种传播体育价值观的理想载体，在激发爱国热情、振奋民族精神及培养社会公德、教育人们要与社会保持一致等方面，具有极大的社会教育功效。大家都有这样的体会，当置身于社会群体之中，因为竞赛的礼仪形式、激烈的竞争气氛、高超的表演技巧和比赛的胜负结果等因素，会在同伴与同伴之间、同伴与对手之间、观众与运动员之间产生极其复杂的感情交流，并激起人们的荣誉感、责任心、集体观念、民主意识和奋发向上的进取精神。这种通过体育实践诱发的社会教育因素，使体育的社会影响变得更加深刻，并产生不可低估的社会教育作用。例如，当我国女子排球队员在世界大赛中连续五次夺冠时，全国人民无不为她们的胜利欢欣鼓舞，国家号召"以女排精神搞四化"，不少人因此决心在坎坷与逆境中奋起。又如，在我国举办第十一届亚运会和争办2008年奥运会期间，几乎举国上下都以高昂的热情投身其中，人们那种为祖国荣誉做贡献的精神，不但表现了中华民族的自尊、自强和自信，而且在全国范围内树立了讲科学、求实效、快节奏、高效率等现代社会意识。

三、体育的娱乐功能

"娱乐身心"是被挖掘和利用较早的体育社会功能。在体育初具雏形的原始社会，原始人在狩猎之余用以宣泄情感而进行的游戏活动，虽缺乏明确的目标和稳定的运动方式，却已通过这种潜意识行为，反映出原始人对精神生活的需求。据《帝王世纪》记载，"击壤而歌"就是原始人在休息时群聚唱歌的一种游戏活动；《太平清话》还记载了始于黄帝时代用于调节军士枯燥生活的蹴鞠活动。体育形成初期，亦即古代开展民族、民间体育阶段，许多供娱乐消遣的身体活动项目，常在节日庆典、宗教仪式和表演技艺中出现，对调节和丰富人民生活起着重要作用。在同时代的欧洲，进入文艺复兴时期后，人文主义者和新型资产者以"提高和改善人类的生活"为宗旨，大力提倡消遣娱乐活动，并利用各种体育手段开展社交。

现代社会解放了劳动生产力，随着物质产品不断丰富，余暇增多，人们为享受生活，使体育的娱乐功能有了更广泛的发挥。例如，现代都市生活使人与大自然几乎隔绝，但参加户外体育活动，可以调节生活，使人享受返回大自然的乐趣；随着工作和生活节奏加快，体育锻炼有利于密切人际交往和享受集体聚会的乐趣；通过参与体育竞赛活动或从事一些惊险性体育项目，可以在向自然的挑战中，体验创造人生价值的乐趣；经常观看体育比赛和表演，可以从运动员的高超技艺中得到美的艺术享受。目前，我国为了丰富人民群众的业余文化生活，移风易俗，建立良好的社会风气，通过实施《全民健身计划纲要》来寻求适合我国国情的最健康、最理想的体育娱乐方式，以便让大众在和谐的氛围中获得精神快感，使在工作和劳动中产成的精神紧张、脑力疲劳和紊乱的情绪得到调解,最终达到"净化"感情和充分享受生活乐趣的目的。

第四节 高等学校体育的目的和任务

一、高等学校体育的目的

在现代教育和科学的框架中,高等学校体育应该有自己恰当的位置。它是属于教育学和体育学的一个学科层次,应该充分体现教育和体育的共同属性。一方面,高等学校体育是学校教育的重要组成部分,其目的应和学校教育的总目的相一致;另一方面,高等学校体育又是体育的一个重要方面,它又应该充分体现体育的属性,即要以运动和身体锻炼为基本手段,挖掘人的潜能,增强体质,促进身心健康。所以,综合来讲,高等学校体育的目的就是以运动和身体锻炼为基本手段,对大学生机体进行科学的培育,在挖掘人的生理潜能和心理潜能及社会适应潜能的过程中,增德、益智、促美,完成促进学生全面发展的教育总目标。

二、高等学校体育的任务

高等学校体育的目的是通过完成以下五方面的任务达到的。

(一)增强学生体质,促进学生身心健康

增强体质是高等学校体育的首要任务。体质的增强,除了意味着骨骼、肌肉、内脏各器官和系统的增强之外,更意味着大脑机能的改善。它反映为:中枢神经系统对机体发育、发展和人体运动的控制力,神经系统各器官机能的支配力,大脑皮层对各器官活动的协调力等。个体生命的健康存在是保证人的全面发展的物质基础,而人的一切活动都是在大脑的指挥下进行的。人的一切正常活动都是大脑相应部位正常反应的结果,人的一切不正常活动都是大脑相应部位的异常反应的结果,而人的大脑反应的病态和终止也就意味着人的个体行为的障碍和生命的结束。体质增强还包括大脑的灵活性和协调性。体育活动对大脑的锻炼有独到的作用,这一点在当今知识信息时代来临的背景下更显得重要。全面增强学生体质有赖于有目的、有组织的系统运动和练习。要在学生身体生长发育良好的前提下,实现身材健美;在机体结构全面发展的基础上发展学生的"自稳态";增强免疫力,使学生精力充沛,生命力旺盛。

（二）促使学生努力掌握体育的基本知识和基本技能

通过"三基"知识的学习，教会学生科学的身体锻炼方法，培养学生终身参加体育锻炼的兴趣、能力和习惯。这是在科学的指导下，学生掌握知识和技能、养成良好习惯以及发展智力的过程。引导学生正确地从事运动和身体锻炼，必须经历一个由感知到理解，再到巩固和应用的过程。在此过程中的一个重要的转折点便是智力和体力相结合，它不仅表现在运动及身体锻炼中，而且表现在它们的结果上。高等学校体育应充分体现智力和体力的结合以及理论知识和实践能力的科学结合。

（三）培养学生的道德意志品质

在体育中对学生进行共产主义道德品质的教育，并不是运动及身体锻炼与政治口号的生硬结合，而是要通过运动及身体锻炼来对学生进行知、情、意、行的教育，最终提高学生的思想品德修养。在此过程中要特别注意培养学生参与和完成运动及身体锻炼的毅力。同时，学生的行为是受其理想、信念和情操支配的，所以在高等学校体育教育过程中，应重视培养学生高尚的情操，通过发展精神品质来更有效地完成体育教育的任务。

（四）培养学生的审美能力和创造美的能力

体育与美，自古以来就紧紧相连。运动是力和智慧的结合，身体锻炼是意念和形体的统一。人可以用自身的"造型"来表现对客观世界的认识，并通过"造型"达到其增强功能的效果。在运动和身体锻炼中，学生通过韵律体操、竞技体育、基本体操和律动来表现"造型"的艺术美。美的心灵、美的情操都是通过美的举止、美的造型来表现的。因此高等学校体育应重视培养学生高尚的情操，使"外在美"与"内在美"很好地统一起来。

（五）培养高水平的运动员

多出人才，出好人才，这其中当然也包括出优秀的体育人才，出世界冠军。我们应该充分发挥高校在师资、器材、设施和多学科交叉方面的优势，充分认识大学生的心理、生理特征和体力、智力优势，把部分有运动天赋和运动才能的大学生培养成为高水平的运动员，这是时代赋予高等学校的新的使命。体育与运动早已被视为"科技水平的橱窗"。当今的世界纪录和世界冠军都是多学科成果的结晶，对运动员的体力和智力水平提出了很高的要求。

第五节 高等学校体育教育的基本途径

国家为高等学校规定了为社会主义现代化事业培养德、智、体全面发展的建设者和接班人的培育目标,但是,高等教育和高等学校体育的目标与任务都不会自动完成,必须通过多种多样的组织形式为其提供具体途径,并实施相应的教学计划。在我国高等学校体育教育中有以下几种基本组织形式。

一、体育课程

体育课程是我国高等学校教学计划的重要组成部分,被视为学校体育教育的中心环节,也是高等学校体育教育的最基本的组织形式。它为确保高等学校体育的目标和任务的圆满完成提供了具体途径。

中华人民共和国成立以来,我国高等学校均设置了体育课程,国务院教育部批准颁发的《学校体育工作条例》《全国普通高等院校体育课程教学指导纲要》均明确规定:"普通高等学校的一、二年级必须开设体育课程……对三年级以上的学生开设体育选修课程。"这一规定为加强高等学校体育课程建设提供了人、财、物、时间、信息等方面的重要保证,将有力地推动我国高等学校体育课程建设。

学生通过体育课程这种特殊的组织形式,可以逐步树立正确的体育观念,了解体育的基本知识,掌握锻炼身体的基本技术,形成较强的体育意识,增强自身的体育能力,培养自觉坚持参加身体锻炼的兴趣和习惯,接受潜移默化的良好品德教育,增强审美能力和创造美的能力,深刻领会体育教育与成才的内在联系,从生存、发展、享受等不同层次的需要上去理解体育给自身和国家、民族带来的好处,学以致用,勇于实践,充分理解体育课程目标与高等学校体育目标的一致性,把握参与体育课程学习的良好时机,努力完成体育课程的各项任务,自觉地使体育与运动进入自己的生活,为成才和奉献打下坚实的物质基础。

二、课余体育活动

高等学校的课余体育活动是体育课程的延续和补充,是学校体育教育过程中不可分割的环节,它为完成高等学校体育的目标和任务提供了又一重要途径。课外体育教学是学校体育的基本形式,其目的在于增强学生体质,培养学生自觉锻炼身体的习惯，同时可以陶冶学生的情操，丰富学生的文化生活，发展学生的个性，对于完成教学任务具有潜移默化的作用。

我国各个高等学校都十分重视根据本校的实际情况和传统特点，因人、因时、因地制宜地开展多种多样的课余体育活动，这对巩固体育课程教学成果、增强学生体质、提高文化学习质量、丰富校园文化生活、增强集体凝聚力等都起到了良好的促进作用。进入改革开放的新时期以来，许多高校更加重视为课余体育活动注入时代气息，在内容和形式上均有较大突破，已经取得了令人满意的实效。课余体育活动主要有以下几种形式。

一是早操。早操就是清晨运动，是每天起床后坚持的室外活动，是大学生合理的作息制度中的重要组成部分。大学生坚持做早操，不仅是锻炼意志，养成良好的卫生习惯，促进身体健康的良好措施，也是每天从事脑力劳动的准备活动，它可以使神经兴奋，活跃生理机能，形成良好的生理状态。早操活动时间一般以 15～20 分钟为宜，形式可以集体组织与个人活动相结合，内容多以健身跑、广播操、打拳、健美操以及各种身体素质锻炼为主。

二是课间活动。课间活动（课间操）是文化课下课后在教室周围进行的几分钟轻微活动或两节课后休息期间进行的体育活动，其目的是活动躯体，进行积极性的休息，为下一堂课的学习注入更充沛的精力。课间活动时间一般为 3～10 分钟，形式以个人活动为主，以散步、广播操等为主要内容。

三是课外体育锻炼。课外体育锻炼是大学生结束一天课程学习后，利用每天下午第七、八节课的时间，进行有目的、有计划、有组织的体育活动。搞好课外体育锻炼，可以使大学生增强体质、陶冶情操、丰富知识，达到身心完善、精神饱满的目的，它不仅是高校体育的重要内容，还是高校占领课余思想阵地，丰富校园文化生活，建设精神文明的重要手段之一。课外体育锻炼时间一般为 1 小时左右，形式以班集体、单项体育协会组织为主，也可以结合个人锻炼，还可结合小型多样的竞赛活动。各校还可以从实际出发，因人、因地、因时制宜地开展活动。

四是课余体育训练与体育竞赛。课余体育训练与体育竞赛是高校利用课余时间对部分身体素质较好并有体育专长的大学生进行系统训练的一种专门教育过程，是实现高校体育目标的重要组织形式之一，它有助于提高我国大学生的运动技术水平。参加不同层次的竞赛，还能为学校培养一支体育骨干队伍，有利于推动学校群众性体育活动的开展。因此，《学校体育工作条例》规定："学校应当在体育课教学和课外体育活动的基础上，开展多种形式的课余体育训练，提高学生的运动技术水平。"并强调："普通高等学校经国家教育委员会批准，

 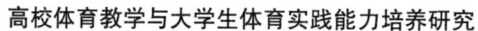

可以开展培养优秀体育后备人才的训练。"国家教委（现为中华人民共和国教育部）、国家体委（现为国家体育总局）于1986年11月发布《关于开展课余体育训练，提高运动技术水平的规划》文件以后，开始在大学试办高水平运动队。目前全国有很多大学组建了各个项目的高水平运动队。一些中学也试办传统体育项目，和大学挂钩，形成一条龙试办高水平运动队。

五是全校性的运动会和体育节。一年一度的校田径运动会和体育文化节把各个高等学校的体育教育推到了本年度的高潮。以运动会为舞台给全校师生公平竞争的机会，在拼搏中争取个人的成功，在竞争中增强集体的凝聚力，每一次校运会体育文化节的成功，都给学校带来了新的活力。近年来，我国大学中一些有远见卓识的领导人，在加深了对教育和体育的本质与功能的认识之后，明智地做出决定，在自己学校的校历中，安排为期十天到半个月的体育节，全校动员，宗旨明确，内容丰富，情趣高雅，组织严密，效果良好，犹如盛大节日一般。

六是野外活动。野外就是指山、河、湖、海、草原、天空等自然环境，野外活动就是指在这种自然环境中开展的各种活动的总称，它是由活动环境、活动主题、活动内容构成的。野外活动主要可分为陆域、水域、空域三类。根据活动的范围可分为：陆地运动、水上运动、冰雪运动、空中运动；按活动的性质可分为：竞技性活动、健身娱乐性活动、教育活动。国内外的实践和研究表明，野外活动是一项具有陶冶情操、强身健体、消除疲劳等功效，深受青少年和广大人民群众喜爱，并为其他运动所不能替代的有益活动。其活动特点决定了它对青少年的教育意义，已成为发达国家学校教育的内容和终身体育不可少的部分。所以也应把推广野外活动列入我国学校体育之中，使之在促进社会主义精神文明建设，培养青少年的爱国主义、集体主义精神，以及提高整体国民素质等方面发挥积极作用。

第六节 普通高等学校体育课程目标

2002年，教育部根据《中共中央国务院关于深化教育改革全面推进素质教育的决定》和国务院批准颁布的《学校体育工作条例》精神，制定了新的《全国普通高等学校体育课程教学指导纲要》，对大学体育课程目标进行了详细规定。

总体目标：增强体质、增进身心健康和提高体育素养。总体目标将体质与健康分开叙述，阐明了学校体育"健康第一"的指导思想，增强体质依然是我国学校体育的主要目标之一,但是,真正的健康是指学生的身心协调发展,将提高体育素养作为总体目标来阐述,说明对体育的认识从过去"身体发展的教育"转变为"以运动为基础的教育"。以运动为基础促进了人们对学校体育认识的深化,拓展了体育教育的领域,它包括生物学领域、心理学领域、社会学领域。提高体育素养的内涵很丰富,它以育人为最高目标,以知识技能为主导,以培养能力为重点,讲求身心发展相协调,以终身体育为方向。体育素养既包括身体的、心理的素质,又突出体育作为文化的一面。体育素养作为一种体育素质或能力,应该包括认知要素、技能要素、情感要素、操作要素。认知要素:具备一定的体育卫生、环境、保健、营养、养生知识,体质健康评价的常识,欣赏体育比赛的能力;技能要素:具备健身运动技能、运动创伤处理能力、生存自救能力;情感要素:喜欢并积极参与体育活动,积极乐观的生活态度;操作要素:形成良好的锻炼习惯,制订锻炼计划或运动处方,处理运动创伤,评价和测量体质健康状况等。从终身体育的角度来看,提高大学生的体育素养应该成为体育课程教学的中心。

具体目标:《全国普通高等学校体育课程教学指导纲要》将大学体育课程目标划分为两个层次:基本目标与发展目标;五个领域:运动参与目标、运动技能目标、身体健康目标、心理健康目标、社会适应目标。

在层次上,大学体育课程要全面贯彻素质教育面向全体学生,体现个性教育的原则,正视学生的个体差异,在目标设置上体现科学性。《全国普通高等学校体育课程教学指导纲要》将大学体育课程目标划分为基本目标和发展目标两个层次。前者是根据对大多数学生的基本要求而确定的,反映了课程目标的强制性;后者则是针对部分学有所长又有余力的学生确定的,体现了课程目标的自由度。

在领域目标上,将体育课程目标从知识、技能、情感领域对体育课程的特点进行了扩展,使大学体育课程目标更加具体,操作性更强。具体目标如下:

运动参与目标:形成自觉锻炼的习惯与意识,具备体育文化欣赏能力,能编制个人锻炼计划或运动处方。

运动技能目标:熟练掌握两项以上健身运动的基本方法和技能,掌握常见的运动创伤的处置方法。

身体健康目标:能测试和评价体质健康状况,掌握有效提高身体素质、发展体能的知识和方法;养成良好的行为习惯,形成健康的生活方式,具有健康的体魄。

心理健康目标：根据自己的能力设置体育学习目标，自觉通过体育活动改善心理状态，克服心理障碍，养成积极乐观的生活态度；运用适宜的方法调节自己的情绪，在运动中体验运动的乐趣和成功的感觉。

社会适应目标：表现出良好的体育道德和合作精神；正确处理竞争与合作以及体育活动中的人际关系。

第二章 体育与文化

体育运动是人类创造的一种文化活动,是构成现代人生活方式的一种表现,体现着人类在推动社会发展的过程中的文明进步程度,具备文化的特征,是人类文化的一个组成部分。人们在关注体育生物属性的同时,也要重视体育的文化属性。通过学习和了解体育文化的基本内涵、体育与文化的关系、中西方不同文化背景下的体育文化特征,以及奥林匹克运动的渊源及文化内涵,对于提高体育素养、提升人文精神、积累文化底蕴等,将起到积极的促进作用。

第一节 文化与体育文化

人类在长期的社会生活过程中,往往简单地把体育看作一项身体技能活动,忽视了从文化层面来透视体育的文化属性。然而,体育从产生之日起,就与文化有着千丝万缕的联系,随着人类文明的进步与发展,体育与文化的关系愈加紧密。体育运动能够深刻地影响到人类的精神世界、审美意识、价值观念、创造能力以及生活方式等各个方面,是人类社会中的一种特殊文化现象,体现着人类在推动社会发展过程中的文明进步程度。

一、文化的含义及特征

在中国古汉语中,文化是"文"和"化"的复合词。"文"的本义指各色交错的纹理,后引申为包括语言文字在内的各种象征符号,进而具体化为文物典籍、礼乐制度,导出"修饰""修养""人为加工"等含义,以及美、善、德行之义。"化"的本义为发生、变化、造化。如《周易·贲卦·象传》中说:"观乎天文,以察时变;观乎人文,以化成天下。""天文"指自然之文,"人文"指典籍礼俗。通过日月天象自然变化规律,凭借诗书礼乐教化世人治平天下。"文化"作为一个专有名词最早见于汉代刘向的《说苑·指武》:"圣人之治天下也，先文德而后武力。凡武之兴，为不服也，文化不改，然后加诛。"这体现了文治教化的本意，基本上代表了中国古代关于文化的概念。而现代汉语中的"文化"是一个外来语，是20世纪初由欧洲经日本传入我国的。

在西方，"文化"早期指种植、耕耘、农作，通常用于耕耘土地和农业劳动。后来逐渐被赋予了教育、培养的意义，出现了"工艺的改进"和"精神耕耘"等说法，从此便有了耕耘土地和耕耘智慧的两种含义。文艺复兴之后，人们将农业、手工业、商业、教育等活动都归入了文化范畴，认为凡是与自然状态、天然状态相对立的都属于文化现象。19世纪以来，文化作为人类生活独有的现象，受到普遍重视，社会学、历史学、教育学、人类学、心理学等学科都提出了各自的文化概念。英国文化人类学家泰勒将文化科学的概念首先引入英语世界，之后，文化学研究迅速在欧美国家发展起来。泰勒提出：文化，是一个复合的总体，它包括知识、信仰、艺术、道德、法律、风俗以及人类在社会里所得到和形成的一切的能力和习惯。

事实上，随着历史的发展，"文化"在不同时期的含义也有所变化。因此，时至今日人们对于文化的概念仍众说纷纭，尚未达成共识。不仅如此，文化还一直是众多学科探究、争鸣的对象，许多学者从不同角度提出了对文化的理解与认识。例如，"文化是人类在社会历史实践中所创造的物质财富和精神财富的总和"；"文化是社会和人在历史上一定的发展水平，它表现为人们进行生活和活动的种种类型与形式，以及人们所创造的物质与精神财富"；"文化是用来表明一定的历史时期、社会经济形态、具体社会氏族的物质与精神发展水平（如古代文化、社会主义文化、玛雅文化），以及专门的活动或生活领域（如劳动文化、艺术文化、生活文化）的"；"文化不是可见的行为，而是人们用以解释经验和导致行为并为行为所反映的价值观和信仰"；"文化是人类的生存和生活需要所产生的一切生活方式的总合"；"文化指社会的意识形态以及与之相适应的制度和组织机构"；"文化的结构有物质文化与精神文化两分说，物质、制度、精神三层次说，物质、制度、风俗习惯、思想价值四层次说，社会关系、精神、艺术、语言符号、风俗习惯多因素说等"。

虽然众多学者对于文化的解释和理解有许多不同之处，但是也可以概括出一些关于文化的基本特征：①文化具有历史继承性。文化是社会性传承的结果，其传承的基本方式是"耳濡目染"，通常表现为社会成员通过观察、模仿或在其他成员指导下的后天习得。②文化具有社会群体性。任何文化都不能脱离社会而存在，并且文化为一定社会群体所共有。某一个体后天习得和创造的思想、观念等，只有在被他人接受后，才能称之为文化。当然，文化的社会群体性是有不同层次和范围的,有的文化因素属于全人类,有的仅属于某个民族或地区。属于全人类的文化因素具有人类性或世界性的特征,属于某个民族或地区的文化因素具有民族性和民俗性的特征。③文化具有复合性。虽然文化的要素和成分多种多样,但文化却不是简单、孤立的诸要素和成分杂乱无章的叠加。相反,各要素和成分之间是相互整合而统一的。文化就是诸多要素和成分在杂乱的纵横交错的关系中所产生的综合统一体,其统一性常常通过共同的价值系统和行为模式表现出来。具体理解文化的广义含义,它除了以教育、科学、艺术等为重要组成部分之外,还包括体现在人们物质生活和社会关系中的饮食文化、服饰文化、居住文化、婚俗文化、信仰文化、游艺文化、体育文化等。因此,文化往往与众多领域复合,是复杂的整合体。④文化是普遍存在的具体性内容。文化是一种人类活动,是人类所取得的一切成果的结晶。有了人类就有了历史,有了历史就有了文化。每一个社会、国家、民族,人们都生活在一定的文化系统中。这种文化系统还具有一定的规则性,能依靠法律、制度、习俗、思维方式、价值系统等来引导或约束社会成员的个体行为,使他们的情感、思想与行为都纳入群体的价值目标和轨道中。

二、体育与文化的关系

体育是以身体运动为基本手段促进身心发展的文化活动。体育在本质上属于文化的范畴,是文化的组成部分。同时,体育自身也在创造一种健康文化,是人类对自身身体与精神有目的、有意识的培育活动,是一种对人类自身的"人化"过程。然而,在人类的文化发展史上,有相当长一段时间把体育排斥在文化之外,甚至还把体育与文化对立起来,认为体育没有文化价值。事实上,体育与文化的关系是极其密切的,这可以从以下几个方面得到印证。

首先,体育具有文化的功能。文化具有享受和发展功能、社会化功能、控制功能等。参与体育运动,可以使人们从中体验精神享受,体验奋斗和进取过程中的精神力量,感受因超越自我而取得的进步与成功。体育运动可以把人类社会活动中的团结、合作、竞争、交流与交往等形式体现得淋漓尽致。体育运动还可以培养人们遵守规则与纪律的规范意识,提高体育道德水平。

其次,体育体现了文化的继承性与民族性。我国体育历史悠久,各种养生导引术、武术技击和民间游戏等经历了几千年的传承和发展,成为当今世界体育文化中的瑰宝。以奥林匹克为代表的欧洲竞技体育,在古代延续了一千多年,因战争被迫中断后,现代奥运会又重新恢复一百余年。这也充分说明,凡是进

步的文化，总会得到历史的承认并被人们继承与发展下去。同时，文化具有民族性，而体育运动的民族性也非常显著。如蒙古族的那达慕、侗族的抢花炮、傣族的泼水节、朝鲜族的荡秋千等，全世界两千多个民族展现出了丰富多彩的民族体育形式。体育的民族性折射出了民族的语言、心理、性格，以及在此基础上形成的文化模式。

最后，体育显示了文化的时代性与世界性。文化具有时代性，能够反映出时代特点。体育的时代性特征十分鲜明，如早期的祭祀体育、战争时期的军国民体育、现代的休闲体育等。同样，文化也具有世界性，一方面文化财富为全人类所共有，另一方面文化可以交流和传播到世界各地。体育运动是一种最便于交流的"国际语言"，在世界范围内的交流基本没有障碍，具有极其便利的条件，这就是形成体育运动国际性的一个重要原因。

总之，体育是人类所创造的文化形式之一，是构成人们生活方式的一种表现形式。尽管体育具有自身的变化规律和相对独立的范畴，但仍然能够反映出人类文化的缩影。它的产生和发展受到整个人类文化中各种因素的制约，如教育、军事、政治、经济、卫生、宗教、外交、法律、伦理、审美等都不同程度地影响着体育的发展。同样，体育运动不仅是人类机体得以充分发展的必要条件和促进心理健康的重要手段，而且是促进社会发展的积极因素。体育运动影响着人们的精神世界、价值观念、生活方式、审美意识和创造能力，在很大程度上与人类的产生、生存和发展有着无法割裂的关系，推动着人类社会的进步与发展。可见，体育与文化有着千丝万缕的联系，进行体育运动不仅是为了个体的强身健体，而且是社会及个体文化生活的需要。体育被看作一种文化活动，是因为人们通过体育运动可以促进身心健康、丰富生活并从中体验人生。当体育运动有助于人的幸福和完善时，便具有了文化的意义。在现代社会发展过程中，体育对于人的全面发展在人格与心理及观念、意识方面的作用更加突出，将体育视为一种社会文化现象，充分显示了体育与人类生存和发展的密切关系。体育运动是人类创造出来的一种文化活动，体现着人类在推动社会发展过程中的文明进步程度，具备文化的特征，是人类文化的一个组成部分。因此，我们不仅要关注体育的生物属性，同时也要重视体育的文化属性。

三、体育文化的含义及形态

（一）体育文化的含义

目前人们对于体育文化的概念尚未形成统一性认识。但是，体育发展过程中所产生的观念形态和知识体系，所创造的手段、方法、技术、器械、设施，以及有关的组织、宣传机构等，已经在人类的社会生活中构成了一种独特的文化现象。人们的体育价值观念，运动技能，体育活动的组织管理方法，体育报刊、书籍、音像制品的出版发行，广播电视中的体育节目，体育题材的文艺作品，体育奖品、宣传品、纪念品以及体育文物等影响到人们精神生活的各个方面，都可视为体育文化的范畴。著名体育学者卢元镇提出：体育文化是人类体育运动的物质、制度、精神文化的总和，大体包括体育认识、体育情感、体育价值、体育理想、体育道德、体育制度和体育的物质条件等。

体育物质文化：①满足体育需要而开发的各种体育器材和场地设施。如北京奥运会的"鸟巢""水立方"等场馆，运动员使用的球拍、跑鞋、雪橇、泳衣等产品，无不凝聚着尖端的科技成分和深厚的人文元素。②促进人的身心发展而进行的体育活动方式。如田径、球类、体操、游泳、滑雪、击剑等，已经成为满足人们健身、竞技、休闲和观赏需求的重要方式。相信随着人们需求的丰富和升华，新的活动方式将不断产生。③为促进体育发展而创造的各种思想物化品。如体育音像制品、体育计算机系统仿真等。

体育制度文化：①在体育运动中人的角色、地位以及各种体育活动的组织形式。根据项目需要以及个人特点，人们在体育运动中充当着各种不同的角色。如裁判、教练、队长、队员、主攻、二传、守门员、前锋等。各种各样的角色在一定的组织形式制约下共同维持活动的进行。活动的组织形式包括淘汰制、循环制等赛制。②促进体育发展而形成的各种组织机构。人类的个体活动和集体活动都离不开组织机构的作用，体育活动中也同样需要各种组织机构。如1881年成立的世界上第一个国际单项体育组织——国际体操联合会，1894年成立的国际奥林匹克委员会。此外，还有各洲体育组织、国家体育组织、省市体育组织、社区体育组织、学校体育组织等。③围绕体育而编制的各种直接影响体育活动的原则、制度。在组织制度文化中，组织机构的原则和制度是至关重要的，它决定着组织的性质、活动方式和发展方向，如体育法、学校体育管理条例、体质健康标准、体育社团管理制度、体育竞赛管理制度等。

体育精神文化：①改造人的精神的理论或观念。体育作为一项促进人的身心和谐发展的活动，需要在多个方面给予科学的支撑，体育学科就是在体育活动的理论需要背景下产生的。如体育心理学揭示体育运动过程中人的各种心理现象及其规律，体育史学揭示人类体育产生和发展的历史过程及规律，引导人们在现实的体育实践中趋利避害。这些学科的研究大多以书面文化的形式来体现，集中反映了该领域中用于指导人们体育活动的思想观念和理论体系。②表现体育精神的艺术文化。体育活动的激烈、直观、惊艳和宏大等特点使它往往成为文艺表现的对象，如小说、影视、歌曲、漫画、图片等。这些蕴含着人们的情感、审美、意志等的文艺作品，归属于体育精神文化的范畴。当人们关注体育艺术作品时，焦点一般集中在对它所表达的思想、精神或情感与审美等深层次的感悟上，而非物质外观本身。体育精神文化的这个层面属于艺术文化的一部分。③改造人的主观世界的各种想法和打算。文学和艺术直接指向人们的精神世界，它的实现方式往往贴近人们的悲、欢、喜、愁等心理体验，这些文化属于意识形态领域的文化。体育文化一度不被认为具有改善灵魂的作用，但实际上它改造人们的主观世界的可能性是很大的。如体育道德、体育精神、体育人格、体育理想等心理文化范畴的内容，对于改善人们的情感、态度、价值观有着积极的作用，是体育精神文化的重要部分。

（二）体育文化的形态

校园体育文化：校园体育文化是校园文化中与体育文化有直接或间接关系的部分，它的主要功能在于引导、培养和熏陶学生主动参与体育、理解体育、关注体育。它的形成依赖于学校体育的开展状况，学校体育场馆、设施的建设与配备情况，学校体育竞赛的组织管理情况以及参加的人数及其积极性等状况。校园体育文化是学生体育态度、体育情感、体育价值观以及体育行为方式等多因素组合的结果，是学生群体向心力与凝聚力的一种良好体现。

竞技体育文化：竞技体育文化是以竞赛为特征来显示体力与智力、促进身心协调发展的一项文化活动，其主要特点是具有竞争性、规范性、公平性、集群性、公开性、观赏性。竞技体育的文化价值突出体现在：激励人们坚毅、顽强、振奋向上的进取精神；展示公平、公正、民主、团结、协作的道德观念与社会理想；满足人们精神生活的需求、感受生命的力量、获得美的享受；促进交流与交往、展示团队特色和实力；提升人文精神，推动科技进步和经济发展。

休闲体育文化：休闲体育文化是满足人们身心健康和娱乐需要的文化活动。休闲是一种生活理想，是为了修身养性、愉悦身心、完善自我而自主选择的生活方式，是当今人类文化活动的重要组成部分，也是社会进步的一个标志。休闲体育既不追求高水平的竞赛成绩，也不受限于体育教学的种种规定，甚至不把强身健体放在首位，而是把体育运动作为一种有意义的活动形式，使自己从中得到休息、放松、陶冶和娱乐，如各类活动性游戏、借助运动项目的娱乐活动、游艺活动、徒步旅行、爬山、钓鱼、放风筝、轮滑、台球、保龄球等。

民族传统体育文化：民族传统体育是某个民族在劳动实践中所创造的，符合本民族身体活动方式的娱乐活动。民族传统体育文化则是以民族传统体育为载体，体现各民族教育智慧和体育开展与活动能力的总和。它是各民族在长期的历史发展过程中，在各自特殊的自然、地理、经济、文化条件下所产生和形成的，具有历史性、传统性和民族性等特征，在起源方式、活动方法、表现形式、情感取向和审美观念等文化内涵方面具有浓郁的民族文化色彩。例如，中国的武术、太极拳、舞龙舞狮，日本的柔道、大相扑，印度的瑜伽、卡巴迪，以及欧洲一些国家的击剑等，这些项目包含着丰富的哲学、宗教、习俗内容以及审美观念等，与生产方式、风俗、道德、艺术、兵法等都有密切的关系，还体现了活动过程中的礼仪性和伦理性。

第二节　中西方体育文化的差异

文化传统差异是产生体育文化差异的根本原因，各民族体育文化的发展特点反过来又使各民族文化传统间的差异得以继续存在或强化。无论是东方还是西方的传统文化，都有其生成和发展的特殊性。人们在不同地域、历史和文化背景中所产生的思维方式、思想观念也各不相同，从而形成了不同的社会实践方式和行为规范。东西方文化的不同特质，导致其体育文化的内涵与表现形式也必然存在差异。

一、中国传统文化及其影响下的中国体育文化

中国传统体育文化深受中国传统文化的影响，我们从中国传统文化入手，来分析中国传统体育文化的基本特征。

（一）道德至上

中国古代注重情感和尊崇道德的观念，在体育运动领域得到了充分体现。传统的道德观念是在中华民族文化价值观念的影响下形成的，如孔子的"尚仁"、墨子的"兼爱"。其积极意义在于规范人们的社会生活行为、平和社会气氛。这种道德至上的价值观反映在体育上，就是崇尚体育的伦理价值，这种传统观念一直在中国体育史上传承，直到今天仍可以在人们的体育观念中找到它的踪迹。

（二）追求稳定

中国农业型社会自给自足的特征，使安居乐业的中华民族不必把走向遥远

的外部世界视为谋生的必由之路。中国先哲追求的价值目标就是达到某种安稳，在这种观念的影响下，人们不是执着地向外开拓，而是在充满温情的"以和为美"中修身自省。因此，中国古代体育运动多以个体的、娱乐性的、技艺性的、表演性的项目为主，如礼射、投壶、棋牌等，而对抗性的、竞争性的、集体性的身体接触较多的运动项目，则开展较少，也难以流行。

（三）强调意境

儒家思想的核心是"礼"，提倡中庸思想，凡事要恰到好处，不能过分。中国体育文化在儒家思想的长期影响下，形成了中华民族的体育文化特色。儒家文化强调文化意境，更多地注重艺术性。八卦、太极中的意境强调是对中华民族文化"意境"表现的一种反映，正是这种对本民族文化的反映，使得中国武术蕴含博大精深的民族文化特质。也正因为如此，外国运动员在没有了解中国文化之前，很难掌握中国武术的精髓，而只能是机械地模仿。

二、西方文化及其影响下的西方体育文化

西方文化对西方体育文化形成与发展的影响，主要体现在以下几个方面。

（一）突出个体发展

强调人是万物之灵，从以人为中心的观点出发，主张人可以认识自然、控制自然、征服自然。作为西方文化发源地的希腊社会，是以发展个性、弘扬个体生命能力为主题而进行构建的。于是他们选择了生机勃勃的生活方式，向大自然挑战是希腊人永恒的信念。社会竞技活动在这样的生活方式中，得到了淋漓尽致的发展。这种文化精神与民族性格在西方社会世代传承，即使是中世纪宗教的淫威也没有使其泯灭，西方人保持了先前富有生气的生活方式，使得竞技运动得到了良好的持续与发展。由于海洋文化的独特影响，西方体育文化中突出表现出人的开拓意识和进取精神，注重人的智力和身体能力的积极发展。西方文化突出个体发展的个人奋斗精神，也充分体现在他们的体育思维方式、体育思想、体育信念、体育价值观、体育态度和体育情感等方面。个人主义是西方体育中的一种主导精神，是一种人生哲学和价值标准，它充分肯定了运动者的个人奋斗和个人价值。

（二）重视宗教意识

西方古代社会本质上是一个宗教社会，在西方社会的历史发展中，宗教起着决定性的作用。宗教对社会、个体具有巨大权威。古希腊宗教特有的神人同

形同性特征，与城邦公民相结合，陶冶了人们的人体审美意识和体育意识。古希腊竞技不仅意味着对雄踞奥林匹亚山顶诸神的献祭和取悦，更重要的是，它意味着人在按照高度理想化的自身形象和能力构筑神的形象的同时，又反过来以这些人格化的神为模式来塑造人本身，这种宗教观念意识在人们的心理上积淀的结果，促成了人们从人格意识出发所形成的体育风尚。

（三）强调多元的文化价值观

欧洲历史发展的特点之一就是它的文化来源的多样性、民族划分的多样性和地域上的分散性。无论是古代的罗马帝国、中世纪的神圣罗马帝国，还是拿破仑帝国，都是松散的集合体。文艺复兴以来，民族国家林立，文化各现异彩，政治体制五花八门，从西方体育的发展状况中也能充分反映出这一特征来。在不同文化背景下，不同民族和国家的体育一经产生，在融入西方体育的过程中，并未受到西方体育文化的排斥。人们在选择运用体育运动时，体现出了鲜明的多元文化特色。不同民族丰富多彩的体育运动形式，汇集到西方体育文化这一大家庭中，经过融合而成为今天西方体育乃至世界体育的主流。

三、中西方体育文化的差异比较

（一）中西方体育价值观的差异

中国古代文化是追求静态美的文化，而西方传统文化则是动态文化，这决定了中西方体育文化形态和体育价值观的实质性差异。

中国体育坚持天人合一的生命观，强调和谐的运动观，它的一个显著特点就是通过身体锻炼的有形活动来促成精神的升华。其作用体现在养护身体、延年益寿和去病、防病上。太极拳最能代表中国传统的养生体育，其动作要领讲究动静结合，强调内部修炼和意念的作用，以"境界"论高低。中国传统体育还被用来作为培养人们遵从礼仪的手段或方式，如射箭、角力等项目就被纳入礼的范畴。中国传统体育的规则更多的是从道德修养角度对参加者提出的道德要求。

作为西方古代体育的典型代表，古希腊体育强调的是身体美与精神美的和谐统一，更注重人体的"力"与"美"。希腊人心目中的高手并不是具有看不见摸不着的某种内在人格的人，而是血统好、发育好、比例匀称、身手矫健并擅长各种运动的人。注重把体育的价值指向对人体的塑造和培养，如早期的比

赛以裸体形式进行，以展示人体的强壮和肌肉的健美。希腊人对人体的重视乃至崇拜也影响着教育、艺术等各个方面的发展。

公平竞争是近代西方社会生活的普遍原则，因此，追求公平与平等是西方近代体育的基本原则，它不承认除身体、心理、技术之外的任何不平等。在竞技运动项目的比赛中，强调以人为中心，从人的内部去寻求动力。一场激烈的运动竞赛就是灵魂与肉体的较量，呼吁人们超越自我，展示积极进取的精神风貌。

（二）中西方体育运动手段的差异

中国传统体育文化强调整体效果和直观感受，对动作的把握主要靠直观顿悟，动作简单，但内涵深刻。主要讲究动作的神韵，追求动作表现上的形似，更追求内部修炼基础上的神似。因此，很少有肌肉剧烈收缩的运动方式，一般讲求动作的刚柔相济、动静结合、虚实兼备、张弛有度、形神兼顾等。中国传统体育文化的目标是修身、养性，典型项目包括太极拳、气功、武术等。

西方体育强调肌肉健美、体格健壮，强调身体的外部运动。许多活动方式要求大肌肉群参与，且肌肉运动剧烈。提倡对人体的力量、速度、耐力、柔韧、灵敏等身体素质的训练，促进身体各部分均衡协调发展。通过赛跑、跳跃、投掷、体操、马术、击剑、游泳以及多种球类运动等形式，提高人体活动能力、机能水平，获得精神充实与满足。西方体育讲究对抗与拼搏，追求"更快、更高、更强"，在身体的激烈活动中常伴有损伤、疲劳、激动、亢奋等情况。当然，也提倡科学，讲究规范，重视体育科学理论的指导作用，有着明确的竞赛规则和场地器材要求。

（三）中西方体育竞技态度的差异

中国传统体育活动方式一般以个体活动为主，讲究自我锻炼，不提倡相互争斗、相互对抗，也不追求对自然的超越，而是表现出自娱性的特点，强调依靠自身的修炼达到健身、延年益寿的目的。古人认为与人切磋和过招重在较心、较智、较人格高低、较修养深浅，这样便很少有对抗激烈的竞技性项目，与西方体育追求对抗与竞争，追求冒险和刺激有很大的不同。因此，古人对竞技结果的态度也就表现出了与西方的不同，认为"胜固欣然，败亦可喜"。无论胜负都是对人生的一种体验，它们都可以对人格的完善起到促进作用，胜与负在对人的内在精神与气度的培养上具有同样的价值。

西方体育文化提倡竞争，其活动是在相互较量、相互比较的过程中完成的，提倡超越对手、克服自然障碍。在西方人看来，竞技场上的结果、成绩、名次直接影响到做人的价值以及自身的尊严，成绩的好坏是其一生成功与否的标志，成功与失败是两种完全不同的东西。因此，竞技场上的胜利者也往往被人们推崇为英雄。当今世界赛场上看到的绝大多数比赛项目都是西方体育项目，如田径、球类、拳击等，它们都具有明显的竞争性特点。西方体育运动激发人的勤奋、进取精神，提倡采用各种技术、战术以及凭借优越体能来战胜对手，这也强化和深刻影响着现代西方人的竞争意识。西方体育最大的属性是群体性，大多数项目是在集体协作的情况下完成的，由此极大地满足了人际交往的需要，为人们提供了交流的机会和条件。

总之，中西方体育文化是在不同的历史、文化背景下形成和发展起来的。虽然两者之间存在差异，但各自也都有突出的特点和价值功效，并不能判定其本身的优劣。随着社会的不断发展以及国际交流的日益频繁，人们对不同民族和地区的体育文化的认识也将越来越深刻。中西方体育文化必然在各自的发展轨道上继续前进，取长补短，共同繁荣。

第三节　奥林匹克文化

奥林匹克运动不仅是当今世界规模最大、影响最广、层次最高的国际体育竞技活动，而且是当今世界规模宏大的国际社会文化活动。奥林匹克文化是体育运动与文化和教育相融合的产物，是奥林匹克运动的灵魂和支柱，它所蕴含的丰富内涵和重要价值，是人类宝贵的精神财富。

一、奥林匹克运动的起源与复兴

（一）古代奥林匹克运动

关于奥林匹克运动的起源，有以下几种说法。

"珀罗普斯娶亲说"是在古希腊传播最广、作品中也一再提到的神话之一。相传珀罗普斯看上了伊利斯国王俄诺玛诺斯的一个貌若天仙的女儿希波达弥亚，然而，要娶希波达弥亚为妻却不那么容易。因为俄诺玛诺斯曾经得到一个神谕：如果他的女儿找到一个如意郎君，并同他结婚，那么国王自己就会死去。因此，国王尽力阻止前来求婚的人，把所有求婚者都视为自己的死敌。然而，女儿总是要出嫁的，不可能总是把她关在皇宫里。于是，国王向全国发出布告：凡是愿意和希波达弥亚结婚的人，都必须先和他进行一场马车比赛，如果他获胜，求婚者要被处死。比赛的起点是庇塞，终点是哥林多海峡附近的波塞冬神庙。国王还允许求婚者乘着四匹马拉的战车先出发,自己先向宙斯献祭,等仪式完毕后,他再投入比赛。如果他追上先前出发的求婚者,就有权用长矛刺穿对方的胸脯。那些爱慕希波达弥亚的年轻人听到这些条件,都充满了信心,于是,年轻英俊的小伙子一个接一个来到伊利斯,向国王的女儿求婚。国王很有礼貌地逐个接待这些年轻人,给他们四匹漂亮健壮的战马,而他自己则从容不迫,宰杀羔羊,献祭给宙斯,然后才乘上他的那辆由两匹母马拉的轻型战马车,追赶上去。但谁也想不到,这两匹马拉的战车奔跑得比风还快,每一次都是离目的地还有很远,国王就追上求婚者,并用长矛刺杀了他们。就这样,一连13个高贵而勇敢的年轻人都死在了国王的长矛下。珀罗普斯在路上听到了在伊利斯所发生的事情,不过,他并没有被吓退。这天晚上,他来到海岸边,呼唤他的保护神波塞冬,希望得到海神的帮助。结果一驾战车如箭一样从深海中升起,战车由四匹带翅膀的马拉着,于是,珀罗普斯驾着这辆马车,风驰电掣般来到伊利斯。国王看到珀罗普斯驾着海神波塞冬的神车,先是一阵惊慌,但是,即刻镇定下来。他仍然按照以往的规定和这个年轻人进行比赛。当珀罗普斯快要接近终点的时候,国王的马车还是追上了他,并挥舞着手中的长矛,准备给珀罗普斯以致命的一击。但是,珀罗普斯的保护神波塞冬始终在暗处关注着这次比赛,他在国王即将追上珀罗普斯时,弄断了国王的车轴,结果一个车轮突然掉了下来,马车摔得粉碎,国王也坠地而死。此时,珀罗普斯到达了终点,他回头也同时看到国王的宫殿被一道闪电击中,燃起了大火。他急忙驾车直奔宫殿,穿过滚滚的浓烟和烈火,把希波达弥亚公主救了出来。伊利斯的人民看到了珀罗普斯的胜利,便尊他为国王。几天后,在伊利斯城举行了盛大的庆典活动,其中包括许多体育竞技项目。珀罗普斯成了古希腊运动会神话中的创始人。从此以后,人们把希腊南部的半岛以他的名字命名为珀罗珀涅斯(伯罗奔尼撒)。在奥林匹亚圣地还有珀罗普斯的坟墓,据说希波达弥亚还是后来古希腊女子体育竞技会(赫拉竞技会)的创始人。

"避免瘟疫传说"也是古代奥运会起源传说之一。公元前884年,伊利斯发生了一场灾难性的瘟疫,居民一个接一个地死去。往日繁华、欢乐的奥林匹亚,出现了悲惨景象。恰在这时,早已觊觎奥林匹亚的斯巴达国王,乘人之危侵入伊利斯城邦。伊菲图斯严厉地警告斯巴达国王说:"我什么都可以给你,唯独圣山区——奥林匹亚不能给你!假如你胆敢侵犯圣山,我们就要和你决一死战。"斯巴达国王不听警告,以为可以一举攻下他们垂涎已久的奥林匹亚,悍然发动了侵略战争。可是没想到却遭到了宁死不屈的伊利斯人的顽强抵抗,斯巴达人久攻不克,在希腊其他城邦的调解下,不得不放弃了原来的打算。最后，斯巴达国王力古尔格和伊利斯国王伊菲图斯订立了《神圣条约》，条约规定奥林匹亚为定期举行庆典地，是神圣不可侵犯的和平圣地，庆典期间，任何人都不得携带武器进入奥林匹亚。《神圣条约》贯彻伊始，便被认为是古代奥运会开端之时，伊菲图斯便成为传说中的古代奥运会创始人。

历史背景：在希腊人的心目中，最美好的生活就是与神的生活最接近的生活，那就是宗教祭祀节日中的活动。每当农业丰收或橄榄、葡萄熟了的时候，人们就欢聚在一起并进行祭神庆典活动。当初，这种祭神活动仅是一项隆重的礼节，用简单的舞蹈动作来表示对神的崇敬和感激。后来这种祭神活动便成为一种盛大的节日，凡遇季节变化、重要农事和军事活动、生死婚嫁等，人们都要停止劳动，举行集会。随着这种仪式的发展，便产生了祭神歌舞、体育竞技和戏剧表演等隆重的祭奠盛会。古希腊人希望与神灵同乐，用健美的舞蹈和裸体竞技以及艺术和诗歌来表达最奔放、最庄严的情感，以欢度人世间最幸福的时刻。

在古希腊，特别是最繁荣的伯里克利时代，每年在雅典举行的各类节日庆典活动有60余种。在这些庆典活动中，内容主要有隆重的祭祀仪式、史诗的朗诵弹唱、歌舞音乐以及伴有戏剧和竞技项目的表演等。这些活动常常带有竞技的特色，日益为人们所喜爱，因而逐渐形成了许多地方性的竞技赛会。据史料记载，雅典自庇西特拉图时代（公元前6世纪中叶）起，祭祀性的体育竞技会就已经具有全体民众的性质。当时组织者把大批装满橄榄油的陶瓷当作节日庆典赛会的奖品，分发给参赛的优胜者。在古希腊人看来，奥林匹斯山上的诸神与希腊人的战争胜败、祸福、生死息息相关，他们希望在战争中得到诸神的全力帮助。而体育运动竞技中的胜利，正好是战争中实力较量的良好预兆。因此，获取竞技赛会上的胜利，正是古希腊人要获取战争胜利的心情的另一种表达方式。要保证能得到战争的胜利，就必须以对神灵的崇敬与祭祀来取得诸神的全力支持。这样，祭祀竞技活动便在古希腊的国土上得到了广泛的开展。

奥林匹亚竞技会：根据流传下来的有关文字记载，于公元前776年在希腊奥林匹亚地区举行的竞技赛会，即奥林匹亚竞技会，也就是现在所说的古代奥运会，是古希腊祭祀体育的开端，直至公元前6世纪，希腊祭祀体育的普及程度达到了顶点。从公元前776年开始，每四年在奥林匹亚村举行一次这种大型的竞技活动，届时奖给每个优胜者一顶神圣的橄榄枝花冠和一条棕榈树枝。据记载，在赛会的前一天先要向宙斯举行隆重的祭祀典礼，然后才在宙斯神殿前的草地上举行比赛。最初只有赛跑一个项目，之后陆续增加了摔跤、五项竞技、拳击、赛马、赛车、掷铁饼、掷标枪、跳远等，最兴盛时期达到了24项之多。

比赛地点也由宙斯神殿前移到了阿尔提斯神域外东北方向的专门体育竞技场，观众则站立在四周的坡形看台上。赛会期间，来自各个城邦的艺术家展示自己的作品，诗人吟诵诗歌，哲学家、历史学家发表演说，而商人则借此谈买卖、订契约，使竞技赛会成为全希腊思想、文化、经济交流的大集会。古代奥运会将体育竞技与文化艺术紧密结合，也是促成其长盛不衰的一个重要原因。

（二）现代奥林匹克运动的复兴

19世纪后半叶，随着自由资本主义向垄断资本主义的过渡和世界市场的形成，民族间的壁垒被打破，体育也超越了国界，出现了国际体育交流和比赛，形成了体育国际化趋势，一些国际单项体育组织相继诞生。如1881年第一个国际单项体育组织——国际体操联合会成立，1892年国际赛艇联合会和国际滑冰联盟也相继成立。在国际单项体育竞赛蓬勃开展的基础上，人们又迫切要求组织世界上规模最大的综合性运动会，同时也需要成立一个能够协调各单项体育活动的大型国际体育组织。

自19世纪初期开始，欧美一些国家相继为复兴奥运会进行了各种努力与尝试。法国教育家顾拜旦是公认的奥林匹克运动的创始人，他为现代奥林匹克运动的产生做出了卓越贡献。1863年，顾拜旦出生在法国巴黎一个古老的贵族家庭，他在中学时代对古希腊历史产生了浓厚的兴趣，在英国留学期间，对英国学校的体育课、课外体育活动和郊游十分赞赏。在古希腊文化的熏陶和当时先进的英国资产阶级教育的影响下，他逐渐萌生了改革法国教育制度和倡导体育的思想。

1888年，顾拜旦就任法国"学校教育、体育训练筹备委员会"秘书长。1889年他代表法国参加了在美国波士顿举行的"国际体育训练大会"，进一步了解世界体育的动态。他认为，近代体育的发展正在走向国际化，应该借助古希腊体育的经验和传统影响，来推进国际体育，于是，产生了复兴奥林匹克运动会的想法。为了使这一想法得到实现，他做了大量的准备工作。

1892年，顾拜旦遍访欧洲，宣传奥林匹克理想。同年11月25日在庆祝法国"体育运动协会联合会"成立3周年大会上，他发表了著名的演说，第一次公开和正式地提出了创办现代奥林匹克运动会的倡议。在演说中，顾拜旦阐明：现代奥林匹克运动会应该像古代奥林匹克运动会那样，以团结、和平和友谊为宗旨，但应该比古代奥林匹克运动会有所发展和有所创新，它应该向一切国家、一切地区和一切民族开放，并在世界各地轮流举办。顾拜旦的倡议使现代奥林匹克运动会从一开始就冲破了民族和国家的界限，具有突出的国际性。

1894年6月16日至24日,"国际体育运动代表大会"在巴黎大学举行,到会的正式代表有79人,他们是来自美国、英国、沙皇俄国、瑞士、西班牙、意大利、比利时、荷兰和希腊等12个国家的49个体育组织的代表。会议期间,又先后有21个国家致函,向大会表示了支持和祝贺。顾拜旦的精心设计和主持,唤起了与会者对古代奥运会的神往,与会代表一致同意他的主张,决定复兴奥林匹克运动会,并通过了《复兴奥运会》的决议。6月23日,大会通过了成立国际奥委会的决议,顾拜旦从79名正式代表中挑选出15人担任第1届国际奥林匹克委员会委员。大会商定通过于1896年在雅典举办第1届现代奥运会,并规定每4年举行一次奥运会,还规定了奥运会的比赛项目为田径、水上运动、游泳、划船、帆船、击剑、摔跤、拳击、马术、射击、体操、球类运动等。会上还确定了第2届奥运会定于1900年在巴黎举行等事宜。由于首届奥运会于1896年在希腊首都雅典举行,所以,希腊委员维凯拉斯当选国际奥委会第1任主席,顾拜旦为秘书长。顾拜旦还亲自起草了国际奥委会的第一部宪章,这个宪章体现了古代奥林匹克运动的传统精神和现代奥林匹克的创新精神,提高了体育在教育事业和现代文明社会中的地位。

二、奥林匹克标志

(一)奥林匹克五环标志

在1914年庆祝国际奥委会成立20周年纪念大会上,顾拜旦向大家展示了他自己设计的五环标志和一面印有五环标志的旗帜,并建议将五环作为奥林匹克运动的标志。顾拜旦解释了他对奥林匹克标志的设计思想:"五环——蓝、黄、绿、红和黑环,象征世界上承认奥林匹克运动,并准备参加奥林匹克竞赛的五大洲,第六种颜色白色——旗帜的底色,指所有国家都毫无例外地能在自己的旗帜下参加比赛。"所以,作为奥运会的象征,相互环扣在一起的五个圆环,就体现出了顾拜旦提出的可以吸收殖民地民族参加奥运会,为各民族间的和平事业服务的思想。在这次会议上,五环被确定为奥运的标志。

自1920年第7届安特卫普奥运会起,五环的蓝、黄、黑、绿和红色开始成为五大洲的象征,分别代表欧洲、亚洲、非洲、大洋洲和美洲。随着时间的推移和奥林匹克运动的发展变化,对奥林匹克标志的阐释也出现了变化。根据1991年最新版的《奥林匹克宪章》"奥林匹克标志"词条的附则补充解释,奥林匹克旗和五环的含义不仅象征五大洲的团结,而且强调所有参赛运动员应该以公正、坦诚的运动员精神在比赛场上相见。

《奥林匹克宪章》规定，"奥林匹克五环"是奥林匹克运动的象征，是国际奥委会的专用标志，未经国际奥委会许可，任何团体或个人不得将其用于广告或其他商业性活动。国际奥委会还要求各国采取必要的措施，保护奥林匹克标志，以确保奥林匹克运动的权威性，避免奥林匹克标志被滥用。

（二）奥林匹克旗

奥林匹克旗以象征着纯洁的白色为底，长3米，宽2米，中间是五色的奥林匹克五环标志图案。奥林匹克旗是根据顾拜旦的建议制作的，并于1914年为纪念现代奥林匹克运动诞生20周年，在巴黎举行的第6届奥林匹克代表大会上首次使用。1920年比利时国家奥委会向国际奥委会赠送了一面同样的旗，这面旗就成为国际奥委会的正式会旗，并在1920年第7届安特卫普夏季奥运会开幕式上升起。此后历届奥运会都举行会旗交接仪式，但使用的是一件代用品，其图案与原会旗一样，只是规格要大一些。冬季奥运会会旗是1952年由挪威奥斯陆市赠送的，交接和使用方法与夏奥会相同。

（三）奥林匹克格言

奥林匹克格言是"更快、更高、更强"。这一格言是顾拜旦的好友、巴黎阿奎埃尔修道院院长迪东在他的学生举行的一次户外运动会上，鼓励学生时说过的一句话，他说："在这里，你们的口号是：更快、更高、更强。"顾拜旦借用了好朋友的这句话，把它用于奥林匹克运动。1920年国际奥委会把这句话正式确认为奥林匹克格言，在安特卫普奥运会上第一次使用。从那以后，奥林匹克格言的拉丁语版本出现在国际奥委会的各种出版物上。奥林匹克格言充分表达了奥林匹克运动所倡导的不断进取、永不满足的奋斗精神。虽然只有短短的6个字，但其含义却非常丰富，它不仅表示在竞技运动中要不畏强手、敢于拼搏、敢于胜利，而且鼓励人们在自己的生活和工作中不甘于平庸，要朝气蓬勃，永远进取，超越自我，将自己的潜能发挥到极限。

（四）奥林匹克会歌

奥林匹克会歌早在1896年第1届奥运会开幕以后就诞生了，这首歌由希腊著名音乐家斯皮罗斯·萨马拉斯作曲，抒情诗人帕拉马斯作词，并且由斯皮罗斯·萨马拉斯指挥几百个人第一次演唱了它。不过，在第1届奥运会上并没有把这首名为《奥林匹克颂》的歌曲确定为奥运会会歌。直到1958年，国际奥委会才把《奥林匹克颂》确定为奥林匹克会歌。从那以后，在每届奥运会的开幕式和闭幕式上，都能听到那首悠扬的古希腊歌曲。

除了奥林匹克会歌之外，20世纪80年代以来，每届奥运会上东道主国家还会创作一些奥运会的主题歌，如1988年汉城（今称首尔）奥运会上演唱的《手拉手》，1996年亚特兰大奥运会上演唱的《登峰造极》，还有2000年悉尼奥运会上演唱的《圣火》以及2008年北京奥运会上演唱的《我和你》，这些歌曲给人们留下了深刻的印象。

（五）奥林匹克会徽

每届奥运会都有不同的会徽，但所有会徽都要有五环图案，然后再衬以反映东道主特点或民族风俗的图案。奥运会会徽又称奥运会会标，现代奥运会（包括冬季奥运会）的每一届组委会都会为所举办的奥运会设计一种独特的会徽。奥运会会徽是奥运会最有权威的形象标志。《奥林匹克宪章》规定，各主办国设计的会徽，未经奥运会组委会同意，不得用于广告和商业服务。这一规定保证了奥运会会徽的严肃性和权威性。

2008年北京奥运会的会徽是"中国印·舞动的北京"。会徽设计将中国特色、北京特点和奥林匹克运动元素巧妙结合，将印章作为主体表现形式，将中国传统的印章和书法等艺术形式与运动特征结合起来，经过艺术手法夸张变形，巧妙地幻化成一个向前奔跑、舞动着迎接胜利的运动人形。人的造型同时形似现代"京"字的神韵，蕴含着浓厚的中国韵味。该作品传达了四方面含义：①中国文化。将中国传统文化符号——"印章"作为标志主体图案的表现形式，印章早在四五千年前就已在中国出现，是渊源深远的中国传统文化艺术形式，并且至今仍是一种广泛使用的社会诚信表现形式，寓意北京将实现"举办历史上最出色的一届奥运会"的庄严承诺。②红色。选用中国传统喜庆颜色——红色作为主体图案基准颜色。红色历来被认为是中国的代表性颜色，还是国旗的颜色，具有代表国家、代表喜庆、代表传统文化的特点。③北京欢迎您。作品形象地表现出北京张开双臂欢迎世界各地人民的姿态，传递出奥林匹克的理念和精神。④冲刺极限，创造辉煌。现代奥林匹克运动一直强调以运动员为核心，会徽"中国印·舞动的北京"正体现了这一原则。印章中的运动人形刚柔并济，形象友善，在蕴含中国文化的同时，充满了动感。

会徽作品"中国印·舞动的北京"的字体采用了中国毛笔字汉代竹简的风格，将汉简中的笔画和韵味有机地融入"Beijing 2008"字体之中，自然、简洁、流畅，与会徽图形和奥运五环浑然一体。

（六）奥林匹克吉祥物

冬季奥运会的吉祥物设计，始于 1968 年第 10 届格勒诺布尔冬奥会，是一个半人半物的卡通型小雪人，称为雪士。

夏季奥运会的吉祥物设计，始于 1972 年的慕尼黑奥运会，是一个装饰性德国纯种小猎狗，称为瓦尔迪。1976 年蒙特利尔奥运会，是一个海狸形象，称为亚米克。1980 年莫斯科奥运会，是一个熊的形象，称为米莎。1984 年洛杉矶奥运会，是一个鹰的形象，称为山姆。1988 年汉城奥运会，是一个虎的形象，称为虎多力。1992 年巴塞罗那奥运会，是一个抽象卡通牧羊狗形象，称为科比。1996 年亚特兰大奥运会，是电脑设计的一个"怪物"，最初名字叫"它是什么"，后来组委会采用了 32 位儿童的建议，定名为伊奇。2000 年悉尼奥运会，是三种动物形象，即鸭嘴兽、针鼹、笑翠鸟，分别取名为悉德、米利、奥利。2004 年雅典奥运会，是两个玩偶娃娃，分别取名为雅典娜和费沃斯。

2008 年北京奥运会，是五个福娃，"贝贝""晶晶""欢欢""迎迎"和"妮妮"，把五个福娃的名字连在一起就是"北京欢迎你"。五娃的造型分别融入了鱼、大熊猫、奥林匹克圣火、藏羚羊和燕子的形象。

贝贝传递的祝福是繁荣。在中国传统文化艺术中，"鱼"和"水"的图案是繁荣与收获的象征，人们用"鲤鱼跳龙门"寓意事业有成和梦想的实现，"鱼"还有吉庆有余、年年有余的含义。贝贝的头部纹饰使用了中国新石器时代的鱼纹图案。贝贝温柔纯洁，是水上运动的高手，和奥林匹克五环中的蓝环相互辉映。

晶晶是一只憨态可掬的大熊猫，无论走到哪里都会带给人们欢乐。作为中国国宝，大熊猫深得世界人民的喜爱。晶晶来自广袤的森林，象征着人与自然的和谐共存。晶晶的头部纹饰源自宋瓷上的莲花瓣造型。晶晶憨厚乐观，充满力量，代表奥林匹克五环中黑色的一环。

欢欢是福娃中的大哥，是一个火娃，象征奥林匹克圣火。欢欢是运动激情的化身，将激情散播到世界各地，传递更快、更高、更强的奥林匹克精神。欢欢所到之处，洋溢着北京对世界的热情。欢欢的头部纹饰源自敦煌壁画中火焰的纹样。欢欢性格外向奔放，熟悉各项球类运动，代表奥林匹克五环中红色的一环。

迎迎是一只机敏灵活、驰骋如飞的藏羚羊，来自中国辽阔的西部大地，将健康的美好祝福传向世界。迎迎是青藏高原特有的保护动物藏羚羊，是绿色奥运的展现。迎迎的头部纹饰融入了青藏高原和新疆等西部地区的装饰风格。迎迎身手敏捷，是田径好手，代表奥林匹克五环中黄色的一环。

妮妮来自天空，是一只展翅飞翔的燕子，其造型创意来自北京传统的沙燕风筝。"燕"还代表燕京（古代北京的称谓）。妮妮把春天和喜悦带给人们，飞过之处播撒"祝您好运"的美好祝福。天真无邪、欢快矫捷的妮妮在体操比赛中闪亮登场，代表奥林匹克五环中绿色的一环。

（七）奥林匹克口号

奥运会口号是奥运会理念的高度概括和集中体现，往往具有很强的亲和力和震撼力，很容易被不同背景的人们所接受、记忆和传诵，奥运会上的口号是奥林匹克的重要组成部分。

1968年墨西哥奥运会提出"全世界青年们相互了解、增进团结"的口号，1972年慕尼黑奥运会提出"光明、清新、慷慨"的口号，1984年洛杉矶奥运会提出"参与历史"的口号，1988年汉城奥运会提出"和谐、进步"的口号，1992年巴塞罗那奥运会提出"永远的朋友"的口号，1996年亚特兰大奥运会提出"和谐、光辉、优雅"的口号，2000年悉尼奥运会提出"分享奥林匹克精神"的口号，2002年盐湖城冬季奥运会提出"点燃心中之火"的口号，2004年雅典奥运会提出"欢迎回家"的口号，2008年北京奥运会提出"同一个世界，同一个梦想"的口号。

三、奥林匹克文化的特征与内涵

（一）奥林匹克文化的特征

象征性：顾拜旦说："奥林匹克运动是一个伟大的象征。"奥林匹克运动所主张的和谐发展的生活哲学，所倡导的团结、友谊、进步的精神，所规定的公正、平等竞争原则，所形成的各项仪式规范等，都物化成一系列独特而鲜明的艺术形式，如奥林匹克旗、吉祥物、会徽等。这些物化的艺术形式充分体现了奥林匹克丰富的文化内涵，成为人类文明的标志。

多元性：现代奥林匹克运动倡导平等、尊重、公平竞争，反对一切形式的歧视，强调"参加比取胜更重要"的普遍性原则。奥林匹克运动的普遍性带来了文化上的多元性，正如前国际奥委会副主席何振梁先生所说：从一百多年奥林匹克运动的历史来看，它之所以成功，原因之一是它对多种文化的兼容和尊重。这个明智的政策不仅确定了奥林匹克运动的多文化性，也使它更具吸引力和凝聚力。可以毫不夸张地说，多文化性正是奥林匹克运动的财富和力量所在。

观赏性：奥林匹克运动是人体展示的最高形式，运动员展现精湛的技术、拼搏进取的精神，最大限度地挖掘自身的潜力，向生命的极限发出挑战，创造出一种在努力奋进中求得欢乐幸福的形象。奥林匹克运动所营造的情感氛围、审美意境，及其所构成的多姿多彩的文化景观，具有极大的观赏性，各类文化艺术形式吸引着数十亿观众。这种观赏性提高了人的美感修养，美化了社会生活。

人文性：古代奥运会已成为希腊民族文化的一部分，现代奥林匹克运动则是人文思想发展的产物，强调以人为本、人的和谐发展。长期的奥林匹克运动实践积淀了丰厚的人文精神，体现了人们对真、善、美的追求。奥林匹克文化已经形成一个科学体系，也是人文科学的一部分，它所蕴含的人文性，具有很高的教育价值。

（二）奥林匹克文化的内涵

追求和谐发展：奥林匹克运动强调体育为人类的和谐发展服务，以促进建立一个维护人的尊严的和平社会。提出健康的身体是健康生活的基础，健全的灵魂寓于健全的体魄，应注重将体魄锻炼与文化素质相结合。倡导增强体质、意志和精神并使之全面均衡发展，竞技优胜者不仅要技艺高强、体魄健美，还要道德高尚、知识丰富。

奥林匹克运动作为培养人的一片沃土，是对人进行全面发展教育的过程。通过体育活动磨炼意志，增强体质，发展和提高思维能力，塑造完善的人格。顾拜旦说："体育是增强民族体质、矫正畸形身躯的最直接的途径，是培养荣誉心和公正无私精神的理想手段。"他的《体育颂》高度颂扬了体育的作用，鼓励人们积极投入体育运动中，不仅拥有健康的体魄，而且拥有良好的素质，成为高尚、公正、坚强、聪明、健美的人。

促进团结友谊：奥林匹克运动的最高目标是通过体育活动，把世界不同国度、不同种族、不同语言、不同宗教信仰的人聚集到一起，使大家相互交往，增进了解和友谊，进而为建立一个维护人的尊严与更美好的世界做贡献。古代奥运会以橄榄枝为最高奖品，象征吉祥、友谊与和平。它制定了神圣休战条约，保证奥运会神圣不可侵犯。古代奥运会对制止战争、维护和平起到了重要作用。现代奥运会继承这一传统，强调国家民族平等，维护人的尊严，倡导多元文化，彼此兼容，和平相处。

团结友谊是人类生存与发展的基本准则，现代奥林匹克运动反映了人类这一强烈的愿望，从而使它具有广泛的号召性和强大的生命力。奥林匹克标志由五环组成，五环的颜色规定为蓝、黄、黑、绿、红，并从左到右互相套接，代表五大洲的团结和全世界运动员在奥林匹克运动会上欢聚一堂。现代奥林匹克运动试图筑起各国人民沟通的桥梁，是连接各国人民团结的纽带，加深不同民族、不同文化的人们之间的了解，促进世界和平，减少战争威胁，因而它成为世界和平事业的一个重要组成部分。

体现公平竞争：奥林匹克是一种以竞技体育为主要活动内容的体育运动。竞争是竞技体育的突出特点，它具有激烈的对抗性和鲜明的娱乐性。在比赛中，运动员之间通过剧烈的身体接触和对抗，分出胜负，既锻炼了自己的身体，磨炼了意志品质，也为观赛者提供了健康的娱乐享受。竞争是推动人类社会进步的基本手段之一，在竞争中可以抒发雄心壮志，增长聪明才智。参加竞赛活动，就必须树立起敢争高低的竞争意识，勇于向世界强手和世界先进水平挑战，不断超越自己，超越他人，超越世界最高纪录，这是人类前进的动力。

奥林匹克倡导的竞争是以公平的道德标准为前提的，强调"体育就是荣誉，但荣誉公正无私"。这是对人的尊严的维护，也是落实奥林匹克宗旨的保证。古希腊公平竞争的范围仅指希腊血统的男性公民，占人口一半的妇女和人数上大大超过公民的奴隶及异邦人则与此无缘，而现代奥运会对全世界所有人开放，运动员在完全平等的条件下，遵守规则，凭借自身的能力，光明磊落地进行比赛，这是真正的公平竞争。这种公平竞争原则表现为：在由组织者统一提供的具备同一条件的场地内，在完全对等的比赛规则下，在裁判者的公平执法尺度下，竞赛者完全凭借自己强健的身体、机敏的头脑、良好的反应力及控制力去战胜对手，获取胜利。只有在这种公平规则的基础上，体育运动才富有独特的魅力，竞赛的胜负才有真正的意义。

强调奋力拼搏：奥林匹克运动倡导从奋斗中求得幸福的人生态度，倡导最大限度地挖掘自身的潜力，向自身体能、生命的极限挑战，勇敢竞争、奋力拼搏是实现生命价值的真谛。赛场上的奋斗是人类奋斗的缩影，拼搏的艰辛、竞争的激烈，不仅对场上的运动员有直接刺激，而且对场下众多的观众，尤其是青少年有着更深远的教育意义。奥运会的格言是"更快、更高、更强"，它的含义体现了奥林匹克运动不断进取、永不满足的奋斗精神和不畏艰险、勇攀高峰的大无畏精神。奥运金牌是由一首首拼搏之歌铸就而成的，它凝聚着运动员和教练员无数的心血和汗水，更反映了对人类崇高理想、品质、意志和能力的不懈追求。

提倡重在参与：奥运会的名言是"参加比取胜更重要"。体育不仅仅是技术与体能的较量，更是精神、斗志和气势的较量，因此过程比结果更重要。奥

运会为每名参加者提供了夺取金牌的机会,但金牌只青睐那些不放弃一切机会与希望的顽强追求者,这是夺取胜利的思想内涵,是体育的精髓。在体育比赛中,冠军只有一个,要努力去争、去拼,这是每个参赛者应有的追求。有的运动员明知拿不到冠军,甚至连铜牌都拿不了,但他们不甘失败,仍然在尽力去争、去拼,这种精神尤其值得鼓励和倡导。

奥林匹克文化的内涵丰富,包含着整个奥林匹克运动各种活动的全过程,集中体现在和谐发展、团结友谊、公平竞争、奋力拼搏、重在参与等方面。和谐发展、团结友谊体现了奥林匹克运动的宗旨和目的,公平竞争、重在参与体现了奥林匹克运动的竞技原则和行为规范,奋力拼搏则体现了奥林匹克运动的进取精神和思想境界。这些都是人类的精神财富,是人类对真、善、美的追求,是人类崇高理想的体现。这也正是奥林匹克文化对世界发展产生积极影响的原因所在。

四、北京奥运会的三大理念

北京获得 2008 奥运会的举办权是全国人民对北京的支持,是世界对北京的认同和信任。根据"使体育运动为人类的和谐发展服务,促进建立一个维护人的尊严的和平社会"的奥林匹克宗旨,北京提出了"绿色奥运、科技奥运、人文奥运"的举办理念。我们可以看到绿色环保日益成为全社会的自觉行动,现代科技为场馆建设和运营提供了坚实的支撑,各项筹备工作始终坚持以人为本。北京面对世界,做出了郑重承诺,中国也信守这一承诺,全力贯彻"绿色奥运、科技奥运、人文奥运"的三大理念,并且将其从抽象变为现实,实现了非凡的跨越。

(一)绿色奥运

绿色奥运,就是将保护环境作为奥运设施规划和建设的首要条件,表达了北京人民对我们共同的家园发自内心的珍爱。北京在各个领域里努力开展环保工作,制定严格的生态环境标准和系统的保障制度;广泛采用环保技术和手段,大规模多方位地推进环境治理、城乡绿化美化和环保产业发展;增强全社会的环保意识,鼓励公众自觉选择绿色消费,积极参与各项改善生态环境的活动,大幅度提高首都环境质量,建设生态城市。2008 北京奥运会以绿色清新的面貌为世界环保运动注入了新的动力。

银灰色的"鸟巢"、蓝色的"水立方"、金色的五棵松篮球馆,北京奥运会的一个个标志性建筑色彩各异。绿色奥运理念的施行，让它们拥有了共同的色彩——"绿色"。

由于北京的水资源相对缺乏，所以节水就成为每个奥运场馆的共同追求。集成采用大量的节水技术之后，"鸟巢"也成为一个典型的节水建筑。据有关报道，"鸟巢"仅通过雨洪回用系统，就可将建筑屋面、比赛场及周边地区2万多平方米的雨水收集起来，满足自身50%的用水需求。这些再次回收利用的水不仅可以用于比赛跑道的冲洗，还可以用于场馆的室外绿化。体育场馆等大型公共建筑耗能过多，一直是社会关注的问题。而严格按照绿色建筑标准设计、建设，则正是"水立方"的一大特色。它的各项节能措施有：采用大量专门措施降低自来水消耗量，每年可减少废水排放量14万吨；用空腔内透光的照明方式，采用单颗1瓦大功率LED光源，比荧光灯节能60%以上；采用ETFE膜围护结构设计，通过腔通风、自然通风等节能措施，比国家公共建筑节能设计标准整体节能9%左右。北京奥运场馆已成为全球利用太阳能发电量最多的建筑群之一。仅国家体育馆等7个奥运场馆的太阳能发电系统年发电量就达58万千瓦时，相当于北京市近万人口一年的生活消费用电量。

随着绿色奥运理念的施行，人们的生活环境得到了明显改善。对北京环境质量改善最有发言权的，应该是长年生活在这里的城市居民。例如，生活在清河边的市民反映："以前到夏天时，这条河特别臭，根本不能在河边散步。现在河水治理好了，晚饭后，大家都爱去河边走一走。"另据北京市有关部门统计，北京已累计投入上千亿元，在防治烟煤型污染、机动车污染、工业污染、扬尘污染以及生态保护和建设等方面，连续实施了13个阶段200多项治理措施，空气质量已连续9年得到改善。北京的"蓝天"数量，已从1998年的100天增加到2007年的246天。

绿色奥运理念引导着越来越多的人自觉地选择"绿色"的生活方式。和许多国际大城市一样，机动车尾气是北京空气污染的罪魁祸首。2006年6月5日世界环境日当天，北京的许多车主发起了"少开一天车"的公益活动，目前已吸引了北京112个汽车俱乐部、民间环保组织、高校环保社团的20余万车友加入。响应这项活动的人员说："我每周至少少开一天车，坐地铁就可以到单位，既不会堵车，又节约不少汽油资源，更重要的是为保护环境做出了贡献。"普通民众的自觉行为得到了专家的高度肯定，一位非常关注环境问题的中国气象科学研究员说："对普通老百姓来说，平时培养健康的生活习惯，每月少开一天车，少烧一点儿煤，对环境都能产生积极的影响。"很多人的生活习惯乃至政府决策都因绿色奥运这一理念而改变。污染严重的工厂陆续迁出市区，更加绿色环保的消费品进入家庭，机动车排放和燃油标准不断提高，公共场所禁止吸烟和禁用超薄塑料袋等举措陆续出台，绿色环保，已成为中国公众文明的重要内容，正在以更快的速度融入中国百姓的日常生活。

（二）科技奥运

科技是人类文明进步的动力源泉。古老的中国，曾在世界科技史上占有重要地位。今天的中国人民，不仅与全世界共享科技文明的成果，还在各个领域推动世界科技的进步。科技奥运能反映出科技的最新进展，集成全国科技创新成果，提高北京科技创新能力，推进高新技术成果的产业化及其在人民生活中的广泛应用，使北京奥运会成为展示高新技术成果和创新实力的窗口。

国家游泳中心"水立方"，以梦幻般的蓝色吸引了全世界的惊叹目光。而在光影魅力的背后，则凝结着无数科技工作者的心血和汗水。半导体（LED）照明是新一代照明技术，"水立方"业主对其有浓厚兴趣，但心里没底。科技部有关部门牵头组织国内最具优势的科研单位与业主一起进行分析论证，国家863计划也给予大力支持，科技工作者全力攻关，最终取得了一系列的技术突破，为"水立方"的景观照明提供了坚实的科技支撑。据相关科研项目专家介绍，使用LED照明，不仅比普通照明节能近70%，而且由于采用了计算机编程控制，可以显示各种不同颜色的动态图案，为水立方营造出了变幻莫测的光影奇观。而LED景观照明只是"水立方"众多技术难题中的一个。钢结构关键技术、ETFE膜结构装配系统关键技术、室内环境系统关键技术、智能救生系统等，使美轮美奂的"水立方"，包含无数的科技奥秘。北京奥运会申办成功后仅14天，科技部、北京市政府、国家体育总局、中国科学院、中国工程院等部门共同宣布：实施"奥运科技（2008）行动计划"。行动计划提出，要针对奥运申办过程的焦点问题和奥运对科技提出的需求，开展技术示范和科技攻关，在治污节水、清洁能源、清洁汽车、智能交通等方面建设一批先进技术的试点示范工程，围绕数字奥运，在数字新闻信息系统、智能化比赛管理系统、信息安全等方面建设标志性工程，围绕运动科研，开展医疗保健和运动器材、兴奋剂检测等关键技术的研究工作等。

当全球气候明显变化、生态环境不断恶化、能源问题举世关注时，中国科技界义不容辞地把科技奥运与节能减排结合起来，全力为绿色奥运提供科技支撑。据统计，在筹办北京奥运会的过程中，采用的"绿色"技术达358项，其中水资源保护技术121项，新能源利用技术69项，节能技术168项。仅节能技术的普遍采用，就让北京奥运会所有比赛场馆在运行时可节能50%，所有的居住设施可节能65%，每年可减少二氧化碳排放量5.7万吨。奥运火炬虽小，科技含量却很高。中国工程院院士刘兴洲说："在各种气候和地理条件下，圣火燃烧不能受影响，还要轻便、安全和环保，这些都需要先进可靠的技术作为保障。"刘兴洲带领的科研团队，经过技术攻关，终于研制出符合要求的奥运火炬内部燃烧系统。这套具有完全自主知识产权的系统，通过增加稳压装置、主燃室和预燃室双保险等方式，成功解决了低温、低氧、大风、大雨下燃烧等一系列难题，确保了奥运火炬在全球传递的顺利进行。从新型建筑材料的研发，到关键材料技术的掌握，从节能照明灯的推广，到新型花卉的培育，从3G手机的问世，到京津城际高速列车的试运行，可以自豪地说，北京奥运会的科技含量是举世瞩目的，是奥运历史上科技含量最高的一届运动会，广大运动员和民众都将享受到这些科技成果带来的便利。同时，随着奥运科技创新成果的全面推广与应用，必将促进我国的科技水平和自主创新能力的进一步提高。

（三）人文奥运

2008年北京奥运会是一场人文奥运的盛会。它在普及奥林匹克精神，弘扬中华民族优秀文化，展示北京历史文化名城风貌和市民的良好精神风貌，加深各国人民之间的了解、信任与友谊，推动中外文化的交流等方面做出很大贡献。北京奥运会坚持"以人为本"，以运动员为中心，构建体现人文关怀的环境，为八方来客提供全方位的优质服务。努力建设使奥运会参与者满意的自然和人文环境，促进人与自然、个人与社会、人的精神与体魄之间的和谐发展。

"鸟巢"是一件令人难忘的建筑作品。入场时观众与车辆分流，确保观众安全；设置多个导视路标，方便观众找到座位；无障碍设施十分完备，残疾人能够直接进入一层看台；看台分成7层，每层观众都不会被前排座椅挡住视线等。令人难忘的不仅是"鸟巢"的人性化设计，"水立方"的更衣室、卫生间、池岸区等区域，都铺设了防滑保温的人造石地砖，运动员走到哪里，感觉到的都是温馨。北京射击馆采用了生态型呼吸式遮阳幕墙，观众一走进馆里，立刻会感到丝丝凉爽。"人文奥运是三大奥运理念的核心，它要求奥运筹办工作处处以人为本。"北京市奥运工程建设指挥部顾问万嗣铨说："具体到场馆建设，就是要注意强化人性化的设计，尽可能让运动员、教练员、裁判员和广大观众感受到方便与舒适，充分体现对各类人群特别是残疾人士的关怀。"细节体现关爱，细节决定成败，北京奥运场馆的细节处理，赢得了国内外的一致赞许。

在参与中传播奥运精神，在参与中享受奉献的快乐。奥运志愿者开始招募以后，年近古稀的孙茂芳老人第一时间提出申请。在"好运北京"体育赛事、

北京国际公路自行车邀请赛等多项城市志愿服务中，无论风雨寒暑，他带领的志愿服务小分队始终活跃在北京王府井服务站点上。他说："做一名奥运志愿者，是我长期以来的一个梦想。希望通过我这样一位老人的志愿服务，让更多的人参与到服务奥运的行列中来。"据报道，北京奥运会期间有10万名志愿者直接参与赛事工作，报名人数达130万人，这在奥运历史上是一个空前的数字。"注重解决人民群众最关心、最直接、最现实的利益问题，使筹办奥运会的各项工作造福广大人民群众。"为办好奥运会，北京和其他奥运协办城市始终坚持以人为本，努力使广大群众分享发展成果。在北京，政府部门不断加大社会公共服务投入，普通民众得到的实惠越来越多。借奥运会的契机，北京市确定了优先发展公共交通的战略，公交车总数从2001年的17000多辆增加到2万多辆。与此同时，北京地铁也得到迅猛发展，地铁13号线、八通线、5号线、10号线、机场线和奥运支线相继建成，越来越多的市民可以享受到快捷的城市轨道交通。此外，北京市民普遍关注的医疗、教育、就业、住房、社保等民生问题，也逐步得到解决。始终坚持以人为本，把全力筹办奥运会与努力使广大群众共享发展成果相结合，正因如此，北京奥运得到了民众的真心支持，人文奥运理念也注入了独特的中国内涵。

第三章　体育与健康

健康是人类生活的永恒话题，现代社会的迅速发展加速了人们的生活节奏，同时也使人们的健康问题产生了新的特征。了解健康与体育锻炼的关系，掌握促进体质健康的原则与方法，合理选择适宜的体育锻炼手段来促进自身的心理健康和社会适应，是高校体育学习的重要内容。

第一节　健康与体育锻炼

"生命在于运动"，这句话很好地诠释了体育锻炼对于保持健康的重要性，人类通过体育锻炼可以达到强身健体、延年益寿的目的。拥有一个健康的身体是每个人的愿望，本节就将对健康的概念、健康的表现和标准，以及体育锻炼对健康的促进等内容进行全面的阐述。

一、健康概述

（一）健康的概念

1948 年，世界卫生组织（WHO）首先提出了健康的概念，认为"健康不仅是免于疾病和衰弱，而且是保持身体、精神和社会适应方面的完善状态"。1974 年 WHO 对健康的定义是："健康是人的肉体、精神与社会的康乐的完善状态，而不仅仅指无疾病或无体弱的状态。" 1979 年，世界卫生组织又在《阿拉木图宣言》中重申："健康不仅是疾病和体弱的匿迹，而且是身心健康、社会幸福的完美状态。"

近年来，世界卫生组织关于健康的概念再次外延拓宽，即把道德修养和生殖质量也纳入健康的范畴。将道德修养作为精神健康的内涵，其内容包括：健康者不以损害他人的利益来满足自己的需要，具有辨别真与伪、善与恶、美与丑、荣与辱等的是非观念，能按照社会行为规范准则来约束自己及支配自己的思想和行为。加强道德修养不仅对自身健康有益，而且对社会文明、人类长寿大有裨益。生殖健康是指人在生殖过程中，生理、心理和社会关系等方面都处于良好状态，妇女可以安全地经历妊娠和分娩，出生的婴儿能存活并健康成长。生殖健康这个新概念把生殖问题从单纯的医学范畴扩展到经济、社会等更加广阔的领域，把生殖的健康与整个社会的发展、人口的增长、人的生命素质以及全人类的共同进步等重大问题都紧紧地联系在一起。

根据生物、心理、社会等多种因素对体育与医学的渗透和对健康的影响，世界卫生组织精辟地指出：健康乃是人在躯体上、精神上和社会上的完美状态，而不仅是没有疾病和不衰弱的状态。人的健康是同生物的、心理的、社会的、道德的、生殖的五个因素联系在一起的。目前，世界各国学者公认它是一个全面的、明确的、广泛适用的科学的健康概念。

（二）健康的表现和标准

我国医学专家认为健康的表现包括四个方面：①身体各部分发育正常，功能健全，没有疾病。②体质状况好，对疾病有较高的抵抗能力，并能吃苦耐劳，完成各种艰巨繁重的任务，能经受多种自然环境的考验。③精力充沛，能保持清醒的头脑，全神贯注，思想集中，对工作、学习都有较高的效率。④意志坚强，情绪正常，精神愉快。

世界卫生组织提出"五快三良好"的健康表现："五快"是针对生理健康而言的：①吃得快，是指胃口好，不挑食，吃得迅速，表明消化功能正常。②便得快，是指上厕所时很快排出大小便，表明胃肠功能良好。③睡得快，是指上床即能熟睡，醒来时精神饱满，头脑清晰，表明中枢神经系统的兴奋、抑制功能协调，且内脏不受任何病理信息的干扰。④说得快，是指语言表达准确、清晰流利，表明思维敏锐，反应良好，心肺功能正常。⑤走得快，是指行动敏捷自如，表明运动系统功能良好。"三良好"是针对人的心理健康而言的：①良好的个性，是指性格温和，意志坚强，感情丰富，胸怀坦荡，心境豁达，不为烦恼、痛苦、伤感所左右。②良好的处事能力，是指沉浮自如，客观看待问题，具有自我控制能力且能适应复杂的社会环境，对事物的变迁保持良好的情绪，常有知足感。③良好的人际关系，是指待人接物宽和，不过分计较小事，能助人为乐，与人为善。

此后，世界卫生组织总结并确定了人群健康十项标准，它们是：①精力充沛，能从容不迫地完成日常繁忙的工作。②处世乐观，态度积极，乐于承担责任，事无巨细。③善于休息，睡眠良好。④应变能力强，能适应环境的各种变化。⑤能抵抗一般的感冒和传染病。⑥体重适中，身材匀称，站立时头、肩、臀位置协调。⑦眼睛明亮，反应敏捷，眼和眼睑不发炎。⑧牙齿清洁，无龋齿，不疼痛，牙龈颜色正常，无出血现象。⑨头发有光泽，无头屑。⑩肌肉丰满，皮肤有弹性，走路轻松。

（三）亚健康状态

世界卫生组织的一项全球性调查表明，真正健康的人占 5%，患有疾病的人占 20%，其余 75% 的人处于非健康、非疾病的中间状态。这种处在健康和患病之间的过渡状态，世界卫生组织称其为"第三状态"，国内常常称之为"亚健康"状态。具体地说，亚健康是指机体在内外环境不良刺激下引起心理、生理发生异常变化，但尚未引起器质性损伤，医学检查所得各项生理、生化指标均无明显异常，无法做出明确诊断。亚健康状态在心理上表现为精神不振、情绪低沉、反应迟钝、失眠多梦、白天困倦、注意力不集中、记忆力减退、烦躁、焦虑、易惊等，在生理上表现为疲劳、乏力、活动时气短、出汗、腰酸腿疼、心悸、心律不齐等。"第三状态"处理得当，则身体可向健康转化；反之，则患病。

造成亚健康状态的原因有很多，主要包括以下四方面。

过度紧张和压力：研究表明，长时期的紧张和压力对健康有四害：一是引发急慢性应激直接损害心血管系统和胃肠系统，造成应激性溃疡和血压升高、心率过快、加速血管硬化进程和心血管事件发生；二是引发脑应激疲劳和认知功能下降；三是破坏生物钟，影响睡眠质量；四是免疫功能下降，导致恶性肿瘤和感染的概率增加。

不良生活方式和习惯：如高盐、高脂和高热量饮食，大量吸烟和饮酒及久坐不运动是造成亚健康的最常见原因。

环境污染的不良影响：如水源和空气污染、噪声、微波、电磁波及其他化学、物理因素污染是防不胜防的健康隐性杀手。

不良精神、心理因素刺激：这是心理亚健康和躯体亚健康的重要因子之一。

（四）影响健康的因素

影响健康的因素有很多，但总结起来有以下几点。

1. 卫生服务因素对健康的影响

卫生服务是保证人类健康极为重要的因素，是人类征服疾病、控制疾病的重要措施。一个国家，一个民族，要求得生存发展，国民必须具有健康的身体，这是一个基本条件。要保证国民的身体健康，国家和社会就要加强卫生服务，体现在医疗政策、制度和经费保障，人力、物力、财力的投资力度等方面。如近年来，我国人口的发病率、死亡率及人均预期寿命等多项健康指标，已经达到或接近世界发达国家水平。

1978年世界卫生组织在《阿拉木图宣言》中提出的"初级卫生保健"是实现"2000年人人享有卫生保健"战略目标的关键。初级卫生保健是最基本的卫生保健制度，它的特点是能针对本区域人群中存在的主要卫生问题，提供相应的增进健康、预防疾病、治疗伤病以及促进身心健康等方面的卫生服务。例如，开展针对性的健康教育，提供安全饮用水和基本卫生设施，改善食品供应及合理营养，开展妇幼保健和计划生育、地方病的预防和控制、常见病和外伤的妥善处理、主要传染病的免疫接种，提供基本药物等。这样，就使所有个人和家庭在能接受和能提供的范围内，享受到基本的卫生保健服务。

2. 行为和生活方式因素对健康的影响

行为和生活方式是指人们长期受一定的社会、经济、文化、民族、家庭等因素影响而形成的一系列比较固定的生活习惯、生活制度和生活意识。

良好的个人行为和生活方式有利于提高身体健康水平，减少损害健康的危险因素，包括经常自觉参加体育锻炼、平衡的膳食、保持充足适宜的睡眠、能对精神紧张和压力予以放松和处理、安全的出行习惯、不吸烟、节制饮酒、不吸毒、无不正当的性行为等。而不良的个人行为和生活方式会对人体健康产生不利的影响。例如：①吸烟。烟草可以说是一种慢性自杀剂，它的化学成分复杂、燃烧后可排出750种以上的刺激和毒害细胞的物质。②酗酒和嗜酒。长期酗酒将形成慢性酒精中毒，对人体的危害极大。长期大量嗜酒者的死亡率比一般人高1至3倍。对于学生来说，酒的最大危害是损害脑细胞，导致智力下降、记忆力减退，严重的甚至会引起酒精中毒性精神病。③不良的性行为。不良的性行为是传播性病的主要途径。目前国际上列为性病的病种已逾20种，我国重点防治的性病有8种，即淋病、梅毒、生殖器疱疹、非淋菌性尿道炎、尖锐湿疣、软下疳、性病性淋巴肉芽肿、艾滋病。当性病患者与健康人进行性接触时，健康人体很容易被病原体侵入而感染。但有些病原体亦可通过非性接触途径传染，如被病原体污染的毛巾、内衣、便器、浴盆、注射器针头等，或通过输血、注射血制品、进行器官或组织移植而感染。此外，某些性病还可以在妊娠和分娩过程中，由母体传给胎儿或新生儿。

3. 环境因素对健康的影响

人类环境主要是指环绕在我们周围的各种自然及社会因素的总和，是指人类赖以生存，从事生产和生活的外界条件。人类不仅生活在自然界，具有生物属性，而且生活在人与人之间关系总和的复杂的社会中，具有社会属性。因此，人类环境包括自然环境和社会环境两个部分。

（1）人类与自然环境

自然环境是指由地球表层的大气圈、岩石圈、水圈、生物圈所组成的相互渗透、相互制约和相互作用的庞大、独特、复杂的物质体系。

自然环境中某些化学元素含量的多或少，会影响人体的生理功能，对健康不利而形成疾病。尽管人体的生理功能具有一定的适应和调节能力，但这种调节能力是有一定限度的。如果环境中的某些化学元素含量过多或过少，超过人体生理的调节范围时，便会使人和环境之间的平衡遭到破坏，从而使机体的健康受到不同程度的影响，甚至形成地方病和流行病。例如，环境中缺乏碘，可导致地方性甲状腺肿大的发生和流行；环境中含氟量过多可引起氟骨症；饮用软水的地区，居民易患心脏病，饮用硬水的地区，冠心病的发生率低。所以，人类的各种疾病都与生活的环境条件有密切关系。

（2）人类与社会环境

社会环境主要是指聚落环境，它以人群聚集和活动为环境的主要特征和标志。社会环境包括社会体制、社会经济状况和文化教育等几方面。①体制与健康。一个国家的政治局势稳定、政治制度完备，利于人类发展体制的完善，有助于国民健康水平的提高，人民的健康需要国家政府的保障和支持。②经济与健康。经济与健康是辩证统一的关系。经济的发展是人民健康水平提高的根本保证，是确保人民体质健康的物质基础。如要保证国民的身体健康，国家和社会就要对卫生投资，卫生投资的效益表现为国民健康水平提高。健康水平的提高必然带来经济效益，对社会经济发展具有积极作用。③教育与健康。教育水平的高低将直接影响人类社会发展和民族整体素质的提高。体育教育是教育的重要组成部分，它对人类的健康发展起着积极的促进作用。学校体育教育作为终身体育的起始阶段，将为每个人一生的不断发展奠定基础。这一基础不仅局限于增强体质方面，而且在于健康、心理发展各个方面，以及余暇生活质量的提高。体育教育将为人们提供获得身心进一步发展的基础，它将是现代人设计和选择未来健康生活的基础。

4.遗传因素对健康的影响

遗传是指子与父代之间在形态结构和生理功能方面的相似。遗传的物质基础是细胞体中的染色体。存在于细胞核的染色体中的脱氧核糖核酸（DNA）包含着生物体的传递信息，在遗传过程中通过 DNA 分子复制，将遗传信息传给子代，从而得到与父代相同的一定的遗传特征。这个过程要在一定的环境条件下才能发挥作用，在某些环境条件影响下可能发生变异。人的体质受遗传因素的影响，但是遗传对体质的影响只提供了发展的可能性，而体质强弱的现实性，则有赖于后天的环境条件。通过遗传获得良好的体质，无疑有助于形成良好的健康状况。但是，如果受到后天较差的环境影响，其健康状况也会向不良方向发展。同时，较弱的体质在后天优越的环境培养下，其健康状况依然会向好的方向发展。

二、健康管理

（一）"健康管理"理念的起源

"健康管理"是舶来的理念，西方许多国家早在三四十年前，就开始推行"健康管理"理念，以此来干预和指导人们的生活，使整个社会人群的患病率明显下降。1976 年，加拿大卫生部就提出了以周期性健康检查为核心的"终身预防医学计划"，提倡依照不同年龄、性别进行定期健康检查。1984 年，美国预防专家组成立，公布了定期体格检查和其他预防措施的临床预防服务方案，建议公民每年做一次体检。我国专家认为，看似健康的人也应每年或至少两年进行一次体检，应认识到定期体检是十分必要的，对 40 岁以上的人来说尤其如此。因为随着年龄的增长，各种疾病出现的概率越来越高，体检能在早期发现一些无痛或症状不明显的疾病，如肿瘤、高血压、糖尿病、脂肪肝、高血脂等，而在早期发现并及时治疗又对逆转病情、恢复健康、提高生活质量至关重要。可以说，从 20 世纪中后期开始，"健康体检"的服务已经被称为"新时尚"。但这种服务的最大问题在于缺乏延续性。没病求安心，有病赶紧治，这种被动的、防守型服务模式距离预防和避免疾病的发生还有相当的距离。

随着科学的发展，人们已经可以通过合理的干预来延缓或防止各种疾病的发生。这种具有前瞻性的健康服务模式——"健康管理"一经推出，立刻引起了世人的关注，并很快风靡西方世界。资料显示，在过去的二十余年中，西方国家通过有效的健康管理，使 90% 的个人、单位的医疗开支减少到原来的 10%。

（二）健康管理的含义

健康管理是指对个体或群体的健康进行全面监测、分析、评估，提供健康咨询和指导以及对健康危险因素进行干预的全过程。健康管理的宗旨是调动个体和群体以及整个社会的积极性，有效地利用有限的资源来达到最好的健康效果。健康管理的具体做法就是为个体和群体（包括政府）提供有针对性的科学健康信息并创造条件采取行动来改善健康状况。健康管理是基于个人健康档案基础上的个性化健康事务管理服务，建立在现代生物医学、营养学和信息化管理技术的模式上，从社会、心理、生物的角度来对每个社会成员进行全面的健康保障服务，协助人们成功有效地把握与维护自身的健康。

健康管理的基本步骤和常用服务流程：健康管理有以下三个基本步骤：第一步是了解个人的健康状况；第二步是进行健康及疾病风险性评估；第三步是进行健康干预。健康管理的常用服务流程由五个部分组成：健康管理体检；健康评估；个人健康管理咨询；个人健康管理后续服务；专项健康及疾病管理服务。

各级政府和所有的企事业单位要确立"健康管理"的新理念，从自身担负的职能和职责出发，加强对人民群众的健康管理。要定期对职工进行健康教育，引导职工树立自我保健意识，提高自我保健能力，定期对职工进行体检，使职工了解自己的身体状况，无病防病，有病早治；科学安排作息时间，坚持工间操，严格控制加班、加点和熬夜；注重环境卫生，清除污染，从工作环境、工作条件上保障职工健康。健康管理加强了，单位和企业的劳动生产效率自然而然地就会提高，同时，还可以大大减少单位和个人医疗费用的支出。

对我们每个人来说，"健康管理"就是要做到"健康上的自我管理"。管理是一种规范和制约，特别是管理自己，一要自觉，二要能服从约束，要把自己的思想和行为纳入正确的生活准则和行为规范中。凡符合"强身健体之道"的就积极奉行，违背的就禁止。具体来说，个人"健康管理"先要了解自己身体的基本情况，包括遗传因素、先天缺陷、营养失衡等方面的问题，然后进行针对性的防范和弥补。特别是要有计划、有步骤地纠正吸烟、酗酒、赌博、放纵、熬夜、饥饱无常等不良生活习惯。同时，我们还要加强思想教育和体育锻炼，保持积极进取、豁达开朗、热心助人的心态。这样，才能促进身体健康，健康管理的成效也才能越来越明显。

（三）健康管理的重要意义

简单地说，健康管理就是要将科学的健康生活方式传导给健康的需求者，变被动的护理健康为主动的管理健康,更加有效地保护和促进人类的健康。因此,人人都需要健康管理。据世界卫生组织研究报告,人类三分之一的疾病通过预防保健是可以避免的,三分之一的疾病通过早期的发现是可以得到有效控制的,三分之一的疾病通过信息的有效沟通能够增强治疗效果。因此,对健康的管理与维护应该是在疾病没有到来之前的预防。

健康管理最重要的意义在于实现了一种管理功能,使健康问题的处理变得井然有序。通过健康管理,使个人对自身的健康状况有一个深刻的认识,知道自己身体的薄弱环节和优势,可以做到扬长避短;针对个人特点,健康管理对饮食起居、生活保健、日常防护等也可以做出专业的指导。

在疾病的预防和治疗方面,健康管理也能发挥重大作用。通过定期的检查、评估和健康专业咨询,做到提前预防,及时指导就医治疗,避免拖延病情,或者得到治疗后的身体恢复与保养。这种管理具有双重意义,对个人来说,身体状况得到了改善,节省了更多的治疗经费;对社会来说,也节省了大量的医疗资源。

健康管理作为一门学科和新兴职业悄然兴起并发展壮大。经济学家指出,健康对经济的增长有反作用。健康问题的解决,可以促进经济增长,健康问题不解决,经济会出现负增长。

世界银行曾预测,我国肝炎的直接经济损失每年约3600亿元;吸烟致癌造成的经济损失约5600亿元,相当于烟草税收的3.5倍;癌症的死亡人数每年150万,心血管病死亡人数每年300万,这两项死亡人数每年的经济负担就超过几千亿人民币;糖尿病患者4000多万人;高血压患者1.5亿人;精神和心理疾病日益增多,实际患者已达1600万人。以上患者的增加使我国医疗费用大幅度上升,制约经济发展的速度,也会使已摆脱贫困的人口重新回到贫困。因此,中国能否实现可持续发展的关键是中国能否解决国民的健康问题,科学管理我国的健康资源,引进"健康管理"的新理念是中国可持续发展的当务之急。

三、体育锻炼与大学生的健康促进

(一)体育运动对运动系统的影响

运动系统的主要功能是使人体运动。它由骨骼、骨连接(关节)、肌肉三部分组成,在神经系统的支配下,肌肉收缩牵动骨能产生各种运动,这种运动是以骨骼为杠杆,关节为枢纽,肌肉为动力来实现的。

骨骼肌:任何身体活动都表现为肌肉的运动,所以,肌肉系统必然是受体育锻炼影响最显著的。骨骼肌在人体中分布极为广泛,全身有肌肉400～600块,成年人的骨骼肌占人体体重的40%(女性35%)左右,不同年龄、性别的人的骨骼肌占人体体重的比例不同,四肢占全身肌肉总重的80%,其中下肢50%,上肢30%。

体育运动对骨骼肌形态结构的影响:①肌肉体积增大。大多数人认为肌肉体积增大是肌纤维增粗的结果,力量练习可使肌纤维最大限度地增粗,而耐力性练习如中长跑、自行车等项目对肌肉的肌纤维增粗的作用并不明显。②肌纤维中线粒体增多,体积增大。③肌肉中脂肪减少。在活动不多的情况下,骨骼肌表面和肌纤维之间有脂肪堆积,会影响肌肉的收缩效率,通过体育运动,特别是耐力性项目(长跑),可以减少肌肉中的脂肪,提高肌肉的收缩效率。④肌肉内结缔组织增多,使肌腱和韧带中的细胞增殖而变得结实粗大,从而抗拉断能力增强。⑤肌肉内的化学成分发生变化,如肌肉中的肌糖原、肌球蛋白、水分等都会增加。物质的增多提高了肌肉的收缩能力,及时供给肌肉能量。⑥肌肉中毛细血管增多,体力运动可使肌肉毛细血管数量和形态都有所改变,提高了肌肉的工作能力。

骨骼:成年人的骨骼共有206块,但其中大约只有178块直接参与随意运动,多数骨是成对的,骨中有丰富的血管和神经。

体育运动对骨形态结构的影响:①长期坚持体育锻炼,可使骨密质增厚,骨变粗,骨小梁排列更加整齐、有规律,使骨变得更加粗壮和坚固,在抗折、抗弯、抗压缩和抗扭转方面的性能都有所提高。体育运动的项目不同,对各部分骨骼的影响也不同。经常从事下肢活动的跑跳运动,对下肢骨骼的影响较大;经常从事举重运动,对上肢和下肢的骨骼影响较大。②体育锻炼可以使关节面骨密质增厚,从而能承受更大的负荷;体育锻炼增强了关节周围肌肉的力量,使肌腱和韧带增粗,关节面软骨增厚,提高了关节的稳固性,增加了关节的运动幅度。在体育运动停止后,骨骼所获得的变化会慢慢消失,因此,体育锻炼应经常化,项目要多样化。

(二)体育运动对心血管系统的影响

人体细胞的生存和发挥作用,需要足够的营养物质供应,同时在细胞代谢中所产生的代谢产物(废物)能够被及时地运走并清除,这一切都要靠心血管系统来完成。心血管系统是由心脏、动脉、毛细血管和静脉血管组成的密封管道。心脏是血液循环的动力;血管主要充当血液运输的管道系统;血液充当运输的载体。在心脏"泵"的推动作用下,血液沿着血管周而复始地运行,将细胞所

需物质带来，运走代谢产物。由此可见，血液循环系统对于生命有十分重要的意义。

体育运动对心脏功能的影响：①心脏增大。一般人的心脏重量约为300克，运动员的心脏重量为400～500克。心肌纤维增粗，其内所含蛋白质增多。心肌毛细血管口径变大，数量增多，供血量相应加大，为适应运动，心脏出现功能性增大。②心脏的容量和每搏输出量增加。一般人的心脏容量为765～785毫升，而运动员的为1015～1027毫升，由于心脏肌纤维变粗，心壁增厚，收缩力增强，所以每搏动一次输出量也明显增加，一般人安静时为50～70毫升，而运动员为130～140毫升，同时也提高了心脏的储备能力。例如，心脏在安静状态下，脉搏的频率较低（每分钟80次左右），一般活动时升高不多，剧烈活动时则升高明显，但停止运动后又能很快地恢复到安静状态。

体育运动对血管的影响：①可以使动脉管壁的中膜增厚，弹性纤维增多，使血管的运血功能增强。②改变毛细血管在器官内的分布和数量。例如，骨骼肌的毛细血管增多、口径变大、行程迂曲、分支丰富，故可以改善器官的血液供应，提高和增强器官的功能。

（三）体育运动对呼吸系统的影响

①增强呼吸肌力量，呼吸功能改善，肺通气量增加。运动时，由于运动肌肉对能量的需求剧增，机体对氧气的需求也相应显著增加，即需氧量与运动强度、运动时间成正比。而机体为了尽力满足肌肉运动的氧需求，会充分利用呼吸肌的潜力，使之发挥最大功能，力争吸入尽可能多的氧气。长此以往呼吸肌会得到更好的锻炼。

②提高胸廓顺应性、增加呼吸肌（尤其是吸气肌）活动幅度，从而增大肺容量和肺通气量。

（四）体育运动对神经系统的影响

①促进神经系统的发育。人类在婴儿时期进行适当的运动，有助于大脑发育和提早学会走路。科学实验也证明，加强婴儿右手的屈伸训练，可加速大脑左半球语言区的成熟，加强左手的屈伸训练，则可加速大脑右半球语言区的成熟。科学家还发现，一个以右手劳动为主的成年人，其大脑左半球的语言机能占优势，体积也是左侧比右侧大。这些科学实验表明，身体锻炼对神经系统的发育和完善有非常重要的作用。

②提高神经系统的灵活性。体育运动丰富了神经细胞突触中传递神经冲动的介质，并在传递神经冲动时引起较多介质的释放，缩短神经冲动在突触处停留的时间，加快突触的传递过程，从而提高神经的灵活性。例如，在100米跑的起跑时，训练有素的运动员听到发令信号后，起跑反应非常快。

③提高中枢神经系统的工作能力，使人头脑清醒，思维敏捷。大脑是人体的最高指挥部，人体一切活动的指令，都是由大脑发出的。大脑的重量虽只占人体的2%，但是它需要的氧气却要由心脏总流出血量的20%来供应，比肌肉工作时所需血液多15～20倍。然而，脑力劳动者长时间伏案工作，机能活动的特点是呼吸表浅，新陈代谢缓慢，腹腔器官及下肢部位血液停滞。长时间进行脑力劳动使人头昏脑涨，就是由于大脑供血不足、缺氧所致。进行体育运动，特别是到大自然中去活动，可以改善大脑供血、供氧情况，可以促使大脑皮层的兴奋性提高。抑制加深，兴奋和抑制更加集中，神经系统的均衡性和灵活性增强，对体外刺激的反应更加迅速、准确，大脑分析、综合能力增强，从而使整个有机体的工作能力提高。

（五）体育运动对免疫机能的影响

①改善免疫机能。免疫机能是体质的代表性指标。运动能够增强体质，不仅指身体运动能力的提高，还包含免疫机能的增强，因此，人类才能抵抗与适应不断恶化的外界环境。运动有益于健康已成为人们的共识，研究也已发现经常参加体育运动可以增强抵抗力，降低心血管疾病的风险并提高生命的质量。但另一方面，研究发现运动员过度训练与频繁比赛，抵抗力会下降，更易感染疾病。因此，传统的生命在于运动就要变为生命在于科学运动。通过运动锻炼，机体遇到刺激后机体免疫功能可以维持机体内环境稳定，其动员速度快，所以反应快，可使免疫调节因素得到明显改善。

②提高机体对外界环境的适应能力。适应能力是指人体在适应外界环境时所表现出的机体能力。它包括对外界环境的适应能力和对疾病的抵抗力。长期在各种气候和环境，如严寒酷暑、风霜雨雪或空气稀薄等条件下进行锻炼，能改善有机体体温调节的机能。

第二节 体质健康与体育锻炼

当代大学生作为祖国未来的希望，保持健康的体质非常重要，本节将对大学生体质健康的内容及自我评定、体育锻炼的基本原则和运动安全的相关知识进行简单的介绍。

一、大学生体质健康的内容及自我评定

体育锻炼效果的测定与评价是一个十分重要的问题。通过测定与评价能看出锻炼的效果，从而更好地激发锻炼的积极性，并为确定以后的锻炼内容和方法，提供必要的科学依据。

（一）常用形态指标

身高、体重与胸围三项指标的均衡发育程度对人体的形态影响最大，通过身体测量，可以鉴别三项指标的发育程度。分析影响身体形态的各种因素以求改善，使形态发育指标更接近理想的目标。

1. 身高

身高是指人体站立时，支撑面至头顶点的垂直高度。通过测量身体长度，可了解骨骼发育情况。

测量方法：受试者赤足，以立正姿势站立在身高坐高计的底板上，足跟并拢，足跟、骶骨部及两肩胛间区与支柱接触，躯干自然挺直，头部正直，但不靠立柱，两眼平视，耳屏上缘与眼眶下缘在一水平线上，测试者站于受试者侧面，将水平压板轻轻沿立柱下滑，轻压受试者头顶，测试者两眼与压板平面等高，进行读数记录。身高主要反映骨骼发育状况，是评价生长发育水平的重要依据。

身高随年龄的增长而上升，身高增长的敏感期男性为13—16岁，女性为11—14岁，身高均值汉族男性18岁、女性16岁趋于稳定，根据1991年中国学生体质与健康监测资料，中国19到22岁汉族成人的身高均值为：城市男性170.56厘米，乡村男性168.40厘米，城市女性158.98厘米，乡村女性157.38厘米。

2. 体重

体重即人体站立时的重量。通过测量体重，可了解人体横向发育指标。

测量方法：测量时，男生只穿短裤，女生穿短裤、背心并应在测量前排空大、小便，被测者赤足轻踏上秤台中央、身体保持平衡，不与其他物体接触。体重

反映人体骨骼、肌肉、皮下脂肪及内脏器官重量增长的综合情况和身体的充实度。体重受年龄、性别、生活条件、体育锻炼、疾病等因素的影响。

体重和身高的比例可以辅助说明营养状况和肌肉发育程度。目前国际上通用的反映身高体重情况的指标为体重指数（BMI），是指用体重公斤数除以身高米数平方得出的指数，判断标准为BMI小于24为正常，24~28为超重，28以上为肥胖。

3. 胸围

胸围即胸廓外面的周长。通过测量胸廓大小可以了解胸廓肌肉的发育情况。

测量方法：测试者自然站立，两脚分开与肩同宽，双肩放松，两上肢自然下垂，测量者将带尺围绕胸廓一周，在背部，带尺上缘放于肩胛骨下角的下方，在胸部，带尺下缘放于乳头上缘，已发育成熟的女生，带尺应置于乳头上方第四肋骨与胸骨连接处，从侧面观看，带尺呈水平的圆形，测量受试者呼吸尚未开始时的胸围。胸围是显示人体的宽、厚度最有代表性的量值，是衡量人体生长发育水平的一个重要指标。

胸围均值随年龄的增长而增大，男20岁、女18岁时趋于稳定。根据1991年的资料，中国汉族成人19至22岁胸围均值为：城市男性86.19厘米，乡村男性85.88厘米，城市女性78.90厘米，乡村女性79.59厘米。

（二）常用生理、生化指标

1. 常用生理检查指标

（1）心率

心率是指每分钟心脏搏动的次数。安静时一般成人心跳为60~80次/分。临床上安静时心率超过90次/分称心动过速，60次/分以下称心动过缓。经过较系统的体育锻炼或劳动锻炼的人，安静时心率明显减慢，有些训练水平较高的运动员可达到50次/分。

（2）血压

血压是指血液在血管内流动时对动脉血管壁产生的侧压力，也称动脉血压。心室收缩时血液大量射入血管，主动脉压力急剧升高，这时的压力称为收缩压；心室舒张时压力降低称为舒张压；收缩压与舒张压之差称为脉压。血压在一定程度上反映心肌收缩力量的大小和血管弹性。血压的测量一般取坐姿，以右上肢为准。测量时受试者右臂自然前伸平放在桌面上，使血压计零位与受试者心脏和右臂袖带处于同一水平面上。先将袖带捆扎于受试者上臂，肘窝暴露，将听诊器听头放在肱动脉上,开始充气加压使水银柱上升,直到听不到肱动脉搏动声,再打气升高 2.6 千帕～4 千帕,然后慢慢放气减压。第一次听到搏动声时的压力为最高血压(收缩压),继续放气减压到完全听不到搏动声的瞬间为最低血压(舒张压)。我国成年人安静时收缩压为 13.3 千帕～16.0 千帕,舒张压为 8.0 千帕～10.7 千帕,脉压为 4.0 千帕～5.3 千帕。世界卫生组织(WHO)和国际高血压学会(ISH)1993 年规定:凡舒张压超过 12 千帕或收缩压大于 18.7 千帕,即视为血压高,如两次非同一时间测定的血压均较高,则可能患有高血压。

(3)呼吸

机体在新陈代谢过程中,需要不断地从外界环境中摄取氧气并呼出二氧化碳,这种机体与环境之间的气体交换过程称为呼吸。正常成人呼吸频率为 16～20 次/分,但可随活动、情绪、疾病等因素而改变。

(4)肺活量

肺活量是指一个人全力吸气后所呼出的最大气量。肺活量是一种常用的反映呼吸机能的指标,它和身高、体重、胸围成正相关。一般情况下,体重和胸围大的人,肺活量也大。测量肺活量时,受试者取站立姿势,然后手握住肺活量计的吹气嘴,做最大吸气后对准肺活量计的吹气嘴做最大的呼气,直到不能再呼气为止。测试者按指示器或显示器读数。每人可测量三次,每次间隔时间为 15 秒,选最大值记录,精确到 10 位数,误差不得超过 200 毫升。肺活量反映的是静态气量,与呼吸的深度有关。正常成年人的肺活量,男性为 4000～4500 毫升,女性为 2600～3200 毫升。

(5)最大吸氧量

最大吸氧量是指运动中每分钟由人体呼吸系统吸入,并由循环系统运输到肌肉而被肌肉所利用的最大氧量。它是评定人体运动时有氧工作能力的重要指标。优秀的男女耐力项目运动员的最大吸氧量分别可达 6 升/分和 4 升/分,男子最高值为 7.4 升/分、女子为 4.3 升/分。

(6)心电图

在每个心动周期中,由窦房结产生的兴奋依次传向心房和心室。这种兴奋的产生和传播时所伴随的生物电变化,通过周围组织传到全身,使身体各部位在每一个心动周期中都发生有规律的电位变化。将引导电极置于肢体或躯体的一定部位记录出来的心电变化的波形,叫作心电图。

(7)连续心电图监测

连续心电图监测是用有线或遥感心电接收器,将心电图传送到中心台,通过储存全面记录的方式,用电脑进行自动分析。它的目的、方法与动态心电图相似,其优点在于可以随时发现心律失常的发作,立即进行处理。

(8)脑电图

脑电图是通过脑电图描记将脑自身微弱的生物电放大记录为一种曲线图以帮助诊断疾病的一种现代辅助检查方法。它对被检查者没有任何创伤。

(9)肌电图

肌电图和脑电图一样,也是记录人体自身生物活动的曲线图。电极安放方法有两种,一种是表面电极,放在皮肤表面,另一种是针电极,插入肌肉内,后者较为常用。

(10)B超检查

B超检查简便易行,无创伤、无痛苦,运用极为广泛。除骨骼系统外,身体每个部位几乎都可使用B超检查。

(11)X线检查

X线检查包括透视、摄片、造影三种。

(12)CT(电子计算机辅助断层扫描)

主要用于颅脑、脊椎以及肺、纵隔、腹腔及盆腔器官病变的检查。CT本质上仍是X线检查,但比一般X线检查更为准确。

(13)磁共振成像术

磁共振成像术即核磁共振(MRI)。基本原理是在强大磁场的作用下,记录组织器官内氢原子的原子核运动,经计算和处理后获得检查部位的图像。MRI对人体没有损伤;MRI能获得骨髓的立体图像,不像CT那样一层一层地扫描而有可能漏掉病变部位;MRI能诊断心脏病变,CT因扫描速度慢而难以胜任。

2. 血液一般检查指标

检查内容包括红细胞、血红蛋白、白细胞及其分类、血小板等。

(1)红细胞(RBC)

正常:男性($4.0 \sim 5.0$)$\times 10^9$个/升,女性($3.5 \sim 4.5$)$\times 10^9$个/升。

增多:真性红细胞增多症、严重脱水、肺源性心脏病、先天性心脏病、严重烧伤、休克等。

减少:贫血、出血。

(2)血红蛋白(Hb)

正常:男性$120 \sim 150$克/升,女性$105 \sim 135$克/升。

增多与减少：大致与红细胞相同，但变化幅度不一定与红细胞平行。

（3）白细胞

正常：（4～10）×10⁹ 个/升。

增多：细菌感染、严重烧伤、类白血病反应、白血病。

减少：白细胞减少症，脾功能亢进，造血功能障碍、放射线、药物、化学毒素等引起的骨髓抑制、疟疾、伤寒、病毒感染、副伤寒等。

（4）血小板

正常：（100～300）×10⁹ 个/升。

增多：原发性血小板增多症、真性红细胞增多症、慢性白血病、骨髓纤维化、症状性血小板增多症、感染、炎症、恶性肿瘤、缺铁性贫血、手术外伤、出血、脾切除后的脾静脉血栓形成。

减少：原发性血小板减少性紫癜、播散性红斑狼疮、药物过敏性血小板减少症、弥漫性血管内凝血、血小板破坏增多、血小板生成减少、再生障碍性贫血、骨髓造血机能障碍、药物引起的骨髓抑制、脾功能亢进。

（5）血沉（ESR）

正常：男性 0～15 毫米/小时，女性 0～20 毫米/小时。

增快：急性炎症、结缔组织病、严重贫血、恶性肿瘤、结核病。

减慢：红细胞增多症、脱水。

生理性改变：女性月经期、妊娠后 3 个月及老人可能稍增快。

（6）血清甘油三酯

正常：400～1500 毫克/升。

增多：动脉粥样硬化、糖尿病肥胖症等。

减少：重症肝实质病变、甲亢、艾迪生病等。

（7）血糖

正常：4.4～6.7 毫摩尔每升（全血），4.4～5.8 毫摩尔每升（血浆）。

增多：糖尿病、垂体前叶及肾上腺皮质功能亢进、甲状腺功能亢进及颅内疾病，如脑出血等。

减少：胰岛素过多，如胰岛细胞瘤、肾上腺皮质功能减退或长期营养不良、严重肝炎等。

3. 大便一般检查指标

大便常规检查包括大便的气味、颜色、性状、食物残渣以及显微镜检查等。

（1）气味

带有酸臭味同时混有气泡，常见于淀粉或糖类消化不良。

（2）颜色

正常为黄色至棕黄色。

（3）性状

正常为成形、柱状、质软。

（4）食物残渣

正常为肉眼不可见，出现时多见于消化不良症或肠道大部切除病人。

（5）显微镜检查（细胞）

显微镜下正常偶见少数上皮细胞或白细胞；大量红细胞见于下消化道出血；少量红细胞、大量白细胞或脓球见于细菌性痢疾；大量上皮细胞见于慢性结肠炎。

（6）寄生虫

若查见寄生虫卵，如蛔虫、钩虫、鞭虫、姜片虫及日本血吸虫卵，则可做出相应的诊断。

4. 尿液一般检查指标

尿常规检查包括尿量、颜色、气味、尿糖、尿蛋白等。

（1）尿量

成人24小时正常尿量在1000～2000毫升，平均为1500毫升。

（2）颜色

正常为淡黄色，随饮水及出汗多少的变化，色泽深浅可有不同。

（3）气味

新排出的尿液无特别气味，放置较久后可出现氨臭味。

（4）尿糖

正常：定性阴性；定量<500毫克/24小时。

增多：见于糖尿病、脑外伤、高血压、重症脑膜炎及某些肝病。可用于临床用药及饮食控制的效果监测。

（5）尿蛋白

正常：定性阴性；定量10～133毫克/24小时。

增多：见于肾小球性蛋白尿，如急慢性肾小球肾炎、肾盂肾炎、肾小管性蛋白尿。用药或毒物中毒期间和某些肾病晚期，尿蛋白反而不增多。尿蛋白定量的多少，不能作为疾病类型和严重程度的诊断指标，仅供参考。

二、体育锻炼的基本原则

通过体育锻炼达到体质健康的目的要遵循一定的原则,主要有以下几条。

(一)自觉性原则

体育锻炼不同于人们劳动和日常生活的一般躯体活动,更区别于动物走、跑、跳、攀登等自然的本能动作。人们所从事的体育锻炼总是有一定的目的和意识的身体活动过程,因此要发挥自觉积极的主观能动性。自觉性原则要求锻炼时要有明确的健身目标,树立锻炼有益于学习、工作和生活的信念,把个人的切身需要与身体锻炼的功效、民族体质、人口质量以及国家的兴旺发达结合起来,更好地激发自己锻炼的热情。认真选择适宜的身体锻炼内容和方法,合理安排适宜的运动负荷,通过身体锻炼获得精神上的满足,感到有乐趣,心情舒畅。通过从事有趣的体育运动,表现出极大的主动性和自觉性,使身心统一。体育锻炼的效果、信心、兴趣三者是相辅相成的,应密切结合,才能做到自觉积极地从事体育锻炼。可通过定期检测锻炼效果,使自己看到锻炼的结果和进步,增强自信心,不断提高自觉锻炼的积极性。

(二)从实际出发原则

从实际出发原则是指体育锻炼的目的、内容、方法以及运动负荷要符合实际情况。由于每个锻炼者的性别、年龄、职业、体育基础、身体状况、生活条件、锻炼目的等主客观条件各不相同,在选择锻炼内容、方法和运动负荷时,要因人而异,量力而行,特别要注意选择适量的运动负荷。负荷适量指体育锻炼要有恰当的生理负荷量。锻炼效果的好坏,与锻炼时生理负荷的适宜与否有极为密切的关系。负荷量太小,机体得不到适宜的刺激,功能的变化不明显,锻炼效果也就不明显。相反,机体负荷量太大,不仅不能增强体质,还会损害健康。决定运动负荷大小的主要因素是量和强度。量是指完成动作的次数、组数、时间、距离等;强度是指完成练习所用力量的大小和机体的紧张程度,包括动作的速度、练习的密度、练习间歇时间的长短、负重的大小、投掷的距离、跳跃的高度和长度等。量和强度要处理适当。强度大,则量就要相应减少;强度适中,则量可以相应加大。要做到适量,以练习者承受得了并有一定的疲劳感为度。掌握适宜的运动量,一般可采用心率百分法,即将使心率升高到本人最高心率的 70%～85% 的强度作为标准进行锻炼的方法。个人的最高心率直接测量比较困难,一般男女均可用 220 减年龄来估算每分钟的最高心率。例如,某人 20 岁,其锻炼过程的运动强度应控制在心率为:(220-20)×(70%～85%)=

140～170（次/分）。这被称为有氧锻炼的适宜负荷量。或者用接近极限运动量的心率（一般假定每分钟200次）减去安静时的心率（这里假定每分钟60次）的70%，再加上安静心率基数60次，即运动时的心率为：（200～60）×70%+60=98+60=158（次/分）。这是对身体影响最佳的运动强度。当然这两种计算方法也是相对的，适宜的运动负荷还要根据锻炼时和锻炼后的感觉来调整。

同时，要因地和因时制宜，根据外界环境的实际情况，如地理环境、气候条件、场地器材、环境卫生等，选择适合自身的锻炼内容和方法。体育锻炼的一个重要目的是使人适应外界环境的变化。

（三）持之以恒原则

持之以恒原则是指体育锻炼必须持之以恒，使之成为作息制度和日常生活中不可缺少的重要内容。从生物学角度来看，人的体质的增强是一个不断积累、逐步提高的过程，不可能一劳永逸。人体机能水平的提高，各种运动素质的发展，运动技能的形成与巩固，有赖于较长时期经常地锻炼。这样，才能使有机体在解剖形态、生理机能、生化过程等方面产生一系列适应性的变化，不是一朝一夕或短期锻炼所能实现的，而是坚持长期锻炼的成效积累的结果。人体结构和机能的变化，都是通过肌肉活动的反复强化来实现的，体育锻炼是对机体给予刺激的过程，每次刺激都产生作用痕迹。连续不断的刺激作用，在机体内产生痕迹的积累，这种积累使机体的结构和机能产生新的适应性，从而使体质不断增强。如果"三天打鱼，两天晒网"，间断地进行，前一次的作用痕迹已经消失，下一次作用的积累就小，机体的适应性变化就小，锻炼效果就不明显。如果长时间停止锻炼，各器官系统的机能还会慢慢衰退，使得体质逐渐下降。

（四）循序渐进原则

循序渐进原则是指体育锻炼必须根据人体身心发展规律和个人的实际情况，在锻炼的内容、方法、运动负荷等方面逐步提高，使机体功能不断得到改善和增强。循序渐进是人体适应环境的基本规律。人体对内、外环境变化的适应，是一个缓慢的由量变到质变的过程。只有遵循这个规律，才能取得良好的锻炼效果。否则，非但不能增强体质，相反，还会引起机体损伤和运动性疾患，损害身体的健康。因此，进行体育锻炼不能急于求成。坚持循序渐进原则要做到：①在锻炼内容上，根据自己的身体状况，合理选择，体质不同，锻炼起点也不同。体质较好的人，可选择比较剧烈的活动方式，如各种竞技运动项目；体质较弱的人，开始锻炼时，可选择那些比较缓和的运动，如慢跑、徒手操、

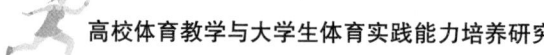

武术、乒乓球等。患慢性疾病的人，可选择保健体育的一些内容，如健步走、太极拳、健身气功等。当体质逐渐变好时，锻炼内容也可逐步由缓和变为有一定运动负荷的运动。②运动量逐步加大。机体对运动量的承受能力有个缓慢的适应过程，锻炼时运动量要由小到大，待机体适应后再逐步加大。如果运动量长期停留在一个水平上，机体的反应就会越来越小。机体机能的提高，是按照刺激—适应—再刺激—再适应的规律有节奏地进行的，运动量也应随着这种节奏来安排。病后或中断锻炼后再进行锻炼，尤其要注意循序渐进，以免发生意外。③每次锻炼的过程也要循序渐进。每次锻炼要做准备活动，锻炼后要做好整理活动，如长跑前先进行5～10分钟慢跑，跑完后也要进行适当的牵拉和放松活动。

（五）全面锻炼原则

全面锻炼原则是指体育锻炼应全面改善身体各部位、各器官的机能，提高各种身体素质和基本活动能力，从而实现身心全面和谐的发展。人体是在大脑皮层调节下的有机统一的整体，人体各部位、各器官系统的机能，各种身体素质和基本活动能力之间是相互联系、相互制约的。身体素质是人体在运动过程中所表现出来的力量、速度、耐力、柔韧和灵敏等方面能力的综合体现，它们是通过肌肉活动表现出来的，同时反映着内脏器官的机能、肌肉工作的供能情况，以及运动器官与内脏器官活动配合的协调状况。对于处于生长发育关键时期的青少年来说，全面发展尤为重要。各个运动项目对身体发展都有其独特的锻炼作用，同时也有一定的侧重性。如长跑锻炼有益于改善心血管系统和呼吸系统的功能，加强中枢神经系统的调节。锻炼的内容，可结合自己的兴趣爱好，选择1～2项作为每天必练的主要项目，同时加强其他项目的锻炼，以弥补主项之不足。全面锻炼的过程中还应注意群体意识、个性特征等心理素质的发展。

三、运动安全

运动安全对于体育锻炼者来说非常重要，下面介绍几种体育活动中常见的运动安全问题，并简要介绍运动损伤的急救处理。

（一）肌肉酸痛

不少学生有过这样的体会，在一次活动量较大的锻炼之后，或是隔了较长时间未锻炼，刚开始锻炼时，常常出现运动后肌肉酸痛的情况，这种酸痛不发生在运动中或运动后即刻，而发生在运动结束后 1～2 天之后，所以也称为肌肉延迟性疼痛。

原因：肌肉酸痛是由于当肌肉一次活动量大时或隔了较长时间未锻炼而刚恢复锻炼时，肌肉对负重负荷及收缩放松活动未完全适应，引起局部肌纤维及结缔组织的细微损伤，以及部分肌纤维产生痉挛所致。生理和生化的研究结果证实了肌肉酸痛时这种局部细微损伤及肌纤维痉挛的存在。由于这种肌纤维细微损伤及痉挛是局部的，所以就整块肌肉而言，仍能完成运动，但存在肌肉酸痛感。酸痛后，经过肌肉局部细微结构的修复，肌肉组织会变得较之前更强壮，以后再经历同样负荷就不易再发生损伤（酸痛）。

处理：当已经出现肌肉酸痛时，采取以下对策能使酸痛得以缓解和消除：①热敷。可对酸痛的局部肌肉进行热敷，加快血液循环及代谢过程，有助于损伤组织的修复及痉挛的缓解。②伸展练习。可对酸痛局部进行静力牵张练习，保持伸展状态 2 分钟，然后休息 1 分钟，重复进行，每天做几次这种伸展练习，有助于缓解痉挛。但做时注意不可用力过猛，以免牵拉时再使肌纤维损伤。③按摩。按摩有使肌肉放松、促进肌肉血液循环的作用，有助于损伤的修复及痉挛的缓解。④口服维生素 C。维生素 C 有促进结缔组织中胶原合成的作用，有助于加速受损伤结缔组织的修复，从而减轻和缓解酸痛。⑤针灸、电疗等手段对缓解酸痛也有一定效果。

预防：预防肌肉酸痛的发生可注意如下几点：①根据不同体质、不同健康状况科学地安排锻炼负荷，负荷不要过大，也不宜增加过猛。②锻炼时，尽量避免长时间集中练习身体某一部位，以免局部肌肉负担过重。③准备活动中，注意对即将练习时负荷重的局部肌肉活动得更充分些，对损伤有预防作用。④整理活动除进行一般性放松练习外，还应重视进行肌肉的伸展牵拉练习，这种伸展性练习有助于预防局部肌纤维痉挛，从而避免酸痛的发生。

（二）运动中腹痛

原因：由于人体进入运动状态后，下腔静脉压力上升，血液回流受阻，致使腹部脏器功能失调，引起腹痛；有的因运动时呼吸紊乱、膈肌运动异常，引起肝脾膜张力性疼痛；也有的因运动前吃得过饱，饮水过多以及腹部受凉，引起胃肠痉挛，导致疼痛。运动性腹痛多数在中长跑运动时发生。

征象：运动性腹痛部位不固定，一般肠痉挛、肠结核会引起腹腔中部处疼痛；食后运动疼痛常发生在上腹部或中部；肝脾膜张力性疼痛，常在左右两侧上腹部。

处理：对因静脉血回流障碍和准备活动不足或呼吸紊乱引起的腹痛，可采取降低运动强度，放慢跑速，同时按摩疼痛部位，并做深呼吸等方法，疼痛常可减轻或消失。对于胃肠饱胀、肠痉挛和慢性疾病引起的腹痛，如采取上述措施后无效，应停止运动。

预防：合理安排运动时间，饭后至少一小时后再进行活动，运动前要做好准备活动，运动时要循序渐进。对于患有各种慢性疾病者，病愈之前需在医生和体育教师的指导下进行锻炼。

（三）肌肉痉挛

肌肉痉挛俗称抽筋，是指肌肉不自主地突然性强直收缩，并变得异常坚硬。

原因：在剧烈运动中，由于肌肉快速连续性收缩，导致肌肉收缩与放松的协调交替关系被破坏，特别是在局部肌肉处于疲劳时，更易发生肌肉痉挛。肌肉受到寒冷的刺激，或人的情绪过于紧张，也可能引起肌肉痉挛。

征象：肌肉痉挛时，局部肌肉产生剧烈性收缩并变得坚硬和隆起，疼痛难忍，且一时不易缓解。

处理：立即对痉挛部位的肌肉进行牵引，如腓肠肌痉挛时，伸直膝关节，并做足的背伸动作。若屈拇、屈趾肌痉挛时，则用力将足趾背伸。最好有同伴协助，但切忌施力过猛。此外，可配合局部按摩、点穴（承山、涌泉、委中穴等），以加速痉挛的缓解和消失。

预防：运动前做好准备活动，对容易发生痉挛的肌肉，可事先进行按摩；冬季锻炼时，要注意保暖；夏季进行剧烈运动时，应注意补充盐分；游泳下水前，应先用冷水淋浴，游泳时间不宜过长；疲劳和饥饿时，不要进行剧烈运动。

（四）运动性昏厥

运动中，由于脑部供血不足，氧债不断积累并达到一定程度时，即可发生一时性知觉丧失，这一现象称为运动性昏厥。

原因：由于进行剧烈运动或长时间运动，大量血液积聚在下肢，回心血流量减少，导致脑部供血不足而出现昏厥状态。跑后如立即停止不动也可能会出现"重力休克"现象。

征象：全身无力眼前一时发黑，面色苍白，手足发凉，失去知觉而昏倒。生理检测脉搏慢而弱、呼吸缓慢、血压降低等。

处理：立即将患者平卧，足略高于头部，并进行向心方向按摩，同时指压人中、合谷等穴位。如有呕吐，应将患者头偏向一侧，以利于呼吸道畅通。如停止呼吸，应立即进行人工呼吸。轻度征象者，由同伴搀扶慢走，并进行深呼吸，症状即可消失。重症患者，经临场处理后，送医院治疗。

预防：不要在饥饿情况下参加剧烈运动；疾跑后不要立即停下来；久蹲后不要突然起立；平时要加强体育锻炼，以增强体质。

（五）中暑

原因：在高温环境中，特别是在温度高、通风不良、头部缺乏保护、被烈日直接照射的情况下进行体育锻炼，因体温调节功能障碍而发生中暑。

征象：轻度中暑，面部潮红、头晕、头痛、胸闷、皮肤灼热、体温升高。严重时，恶心、呕吐、脉搏快而细弱、精神失常、虚脱抽搐、血压下降，甚至昏迷。

处理：迅速将患者移至通风、阴凉处，解开衣领，冷敷额部，用温水擦身，并给予含盐清凉饮料或十滴水，数小时后即可恢复正常。严重患者，经临时处理后，应迅速转送医院治疗。

预防：在高温炎热季节锻炼时，应适当减少运动量，缩短运动时间，避免在烈日下长时间锻炼；夏天在室外锻炼时，宜穿浅色衣服，戴遮阳帽；在室内锻炼时，应有良好的通风，并注意服饮低糖含盐饮料。

（六）运动性贫血

我国成年健康男性每100毫升血液中血红蛋白含量为12.5～16克，女性为11.5～15克。若低于这一生理数值，则被视为贫血。因运动引起的这种血红蛋白量减少，称为运动性贫血。

原因：①由于运动时机体对蛋白质与铁的需求增加，一旦需求量得不到满足，就可能引起运动性贫血。②运动时，脾脏释放的溶血卵磷脂能使红细胞的脆性度增加，加上剧烈运动时血流加快，易引起红细胞破裂，从而导致运动性贫血。③少数学生由于偏食或爱吃零食，影响正常营养摄入，或长期慢性腹泻，影响营养吸收，运动时常出现贫血现象。

征象：运动性贫血发病缓慢，平时表现为头晕、恶心、气喘、体力下降，运动后出现心悸、心率加快、脸色苍白等情况。

处理：如运动中（后）出现头晕、无力、恶心等现象，应适当减少运动量，必要时暂停运动。补充富含蛋白质和铁的食物，口服硫酸亚铁片剂和维生素C，对缺铁性贫血的治疗有明显效果。

预防：锻炼时，要遵循循序渐进原则，并克服偏食习惯。

（七）游泳性中耳炎

原因：游泳时，水进入外耳道使鼓膜泡软，引起鼓膜破损，细菌进入中耳而形成。此外，游泳时呛水，细菌也可能从咽鼓管进入中耳而引起中耳炎。

征象：表现为耳内剧烈疼痛，有时还会引起发热和头痛，也可见黄色液体从外耳道流出。

处理：停止游泳运动，用生理盐水和络活碘清洗消毒，送医院治疗。

预防：游泳时可用耳塞堵住外耳道口，防止水进入耳道内。若耳内灌水，可将头偏向耳朵有水一侧，用同侧腿进行原地跳的方法使水震动排出，然后再用棉签擦干外耳道，切忌挖耳。患感冒、上呼吸道感染时应停止游泳。

（八）常见运动创伤的急救及处理

在体育运动中难免会出现运动创伤，一旦发生，就应迅速正确地急救与处理。急救原则是挽救生命第一，如因骨折疼痛而引起休克，应先处理危及生命的休克而后再做骨折的固定。

出血：血液从破裂的血管流出，称之为出血。相关研究显示，健康成人每公斤体重平均有血液75毫升，全身总血量4～5升。若一次出血达全身总血量的10%时对身体没有伤害。急性大出血达总量的20%时即会出现乏力、头晕、面色苍白等一系列急性贫血症状。当出血量超过全身血量的30%时，将危及生命。因此对有出血情况的伤员，尤其是大动脉出血的，必须在急救的早期立即进行止血。止血的手段方法很多，在没有药物和医疗器械的条件下，现场急救的常用方法有：①冷敷法。冷敷可降低组织温度，使血管收缩，减少局部充血，还可抑制神经的兴奋，从而起到止血、止痛，减轻局部肿胀的作用，此法适用于急性闭合性软组织损伤，伤后立即施用，一般常用冷水或冰袋敷于损伤部位。冷敷与加压包扎和抬高伤肢同时应用，效果更佳。②抬高伤肢法。用于四肢出血，抬高伤肢，使伤处血压降低，血流量减少，达到减少出血量的目的。一般常和绷带加压包扎并用，对小血管出血有效，对较大血管出血，只能作为一种辅助性止血方法。③压迫止血法。此方法可分为直接压迫伤口止血和压迫止血点止血两种。直接压迫伤口止血：一是用绷带加压包扎伤口止血。可先在伤口上覆以无菌辅料，再用绷带稍加压力包扎起来，此法适用于小动脉、静脉和毛细血管出血。二是指压止血。用指腹或掌根直接压迫伤口，此法简便易行，但违背无菌操作原则，容易引起伤口感染。因此，不是十分紧急的情况，不应轻易使用。压迫止血点止血：用手指指腹压在出血动脉近心端相应的骨面上，暂时止住该动脉管的血流。这种止血方法操作简便，止血迅速，是一种临时性止血的好方法。

骨折及骨折临时固定：骨的完整性遭到破坏的损伤，叫作骨折。骨折可分为闭合性骨折与开放性骨折两种。前者皮肤完整，治疗较容易；后者皮肤破裂，骨折端与外界相通，容易发生感染，治疗较困难。运动中发生的骨折多为闭合性骨折，它是严重的损伤之一。骨折的诊断需借助 X 线检查。

如创伤当时怀疑有骨折，应用夹板、绷带把怀疑骨折的部位固定、包扎起来，使伤部不再活动，称为临时固定。这是骨折的急救方法，其目的是减轻疼痛、避免再操作和便于转送。

如有休克，应先抗休克，后处理骨折；如有伤口出血，应先止血，包扎伤口，再固定骨折。临时固定的注意事项：第一，固定前不要无故移动伤肢。为了暴露伤口，可剪开衣服，不要脱，以免因不必要的移动而增加伤员的痉挛和加重伤情。对于大腿、小腿和脊柱骨折，应就地固定。第二，固定时不要试图整复，如果畸形很厉害，可顺伤肢长轴方向稍加牵引。第三，夹板的长度和宽度，要与骨折的肢体相称，其长度必须超过骨折部的上、下两个关节。如果没有夹板，可就地取材（如树枝、木棍、球棒等）或把伤肢固定在伤员的躯干或健肢上。夹板与皮肤之间应垫上软物，如棉垫、纱布等。第四，固定的松紧要合适、牢靠。过松则起不到固定的作用，过紧会压迫神经和血管。四肢骨折固定时，应露出指（趾）尖，以便观察血液循环情况。如出现指（趾）尖苍白、发凉、麻木、疼痛、浮肿和呈青紫色征象时，应松开夹板，重新固定。

呼吸和心搏骤停的急救：当人体受到意外严重损伤（如溺水、触电休克等）时，有时会出现呼吸和心跳骤然停止的情况，这时如不及时进行抢救，伤员就会很快死亡。人工呼吸与胸外心脏按压是进行现场抢救的重要手段，可以帮助伤员重新恢复呼吸和血液循环。人工呼吸的方法有很多，其中口对口吹气法效果较好，而且可同时进行胸外心脏按压。施行时使伤员仰卧，头部尽量后仰，把口打开并盖上一块纱布，急救者一手托起其下颌，掌根轻压环状软骨，使软骨压迫食管，防止空气入胃；另一手捏住其鼻孔，以免漏气。然后深吸一口气，对准其口部吹入。吹完后松开捏鼻孔的手，让气体从伤员的肺部排出。如此反复进行，每分钟吹 16～18 次（儿童 20～24 次）。注意事项：施行人工呼吸前，应将伤员领口、裤带和胸腹部衣服松开，适当地清除其口腔内的呕吐物或杂物。吹气的压力和气量开始时宜稍大些，10～20 次后，可逐渐减小，维持在上胸部轻度升起即可。进行中应不怕脏，不怕累，一经开始就要连续进行，不能间断，一直到伤员恢复呼吸或确定死亡为止。若心跳也停止，则人工呼吸应与胸外心脏按压同时进行，两人操作时，吹气与按压频率之比为 1∶4。

对心跳骤然停止的伤员必须尽快地开始抢救，一般只要伤员突然昏迷，颈动脉或股动脉摸不到搏动，即可诊断为心搏骤停。这时往往伴有瞳孔散大、呼吸停止、心前区听不到心音、面如死灰等典型症状。此时应马上开始进行胸外心脏按压，以恢复伤员的血液循环。操作时，伤员仰卧，急救者以一手掌根部按住伤员胸骨下半段，另一手压在该手的手背上，肘关节伸直，借助体重和肩臂部肌肉的力量适度用力，有节奏地带有冲击性地向下压迫胸骨下段，使胸骨下段及其相连的肋软骨下陷 3～4 厘米，间接压迫心脏。每次压后随即很快将手放松，让胸骨恢复到原位。成人每分钟按压 60～80 次（儿童 80～100 次）。按压胸骨可间接压迫心脏，使心脏内血液排空。放松时，胸廓由于弹性而恢复原状，此时胸膜腔内压下降，静脉血回流至心脏。反复按压与放松胸骨，即可恢复心脏跳动。操作中，如能摸到颈动脉或股动脉搏动，上肢收缩压达 60 毫米汞柱以上，口唇、甲床颜色较前红润，或者呼吸逐渐恢复，瞳孔缩小，则为按压有效的表现，应坚持操作至自主心跳出现为止。注意事项：手掌根部压迫部位必须在胸骨下段（不要压迫剑突），压迫方向应垂直对准脊柱，不能偏斜，用力不可过猛，以免发生肋骨骨折。在抢救同时，应迅速派人请医生来处理。

第三节　心理健康与体育锻炼

现代健康的目标是追求一种更积极的状态、一种更高层次的身心协调与发展。大学生作为一个特殊的群体，其心理健康的状况令人担忧，随着社会的急剧变革以及就业压力的不断加大，对大学生心理素质的要求越来越高。良好健康的个性心理有利于正确认识和适应复杂社会的生活现实，有利于营造健康和谐的生活，有助于发挥心理潜能，提升创造力。因此，对大学生心理健康的教育已渗透到各门学科。现代医学和体育科学的研究表明，体育锻炼是增进健康的法宝。究竟什么是心理健康？体育锻炼对心理健康的益处表现在哪些方面？本节将对这些问题进行讨论和叙述。

一、大学生心理健康概述

（一）大学生心理健康的概念

对于心理健康概念的认识许多学者有不同的观点，较有代表性的有以下几种。《简明不列颠百科全书》对心理健康的定义：心理健康是指个体心理在本身及环境条件许可的范围内所能达到的最佳功能状态,而不是指绝对的十全十美的状态。日本的松田岩男指出,心理健康是指人对内部环境具有安全感,对外部环境能以社会上认可的形式来适应,即个体遇到任何障碍和困难,心理都不会失调。第三届国际心理卫生大会认为,心理健康是指在躯体上、智能上、情感上与他人的心理健康不相矛盾的范围内,将个人心境发展成最佳状态。

综合各种认识,并针对大学生这一特殊群体,我们认为,大学生心理健康是指大学生在大学期间应对学习、就业以及处理各种现实问题时所表现出的良好的社会适应性,并能充分发挥其身心的各种潜能,在具体的行为过程中所具有的一种持续的积极的内部状态。

(二)大学生心理健康的标准

大学生的年龄一般在18到25岁之间,从心理学的观点来看,正处于青年中期。大学生的心理具有青年中期的许多特点,但作为一个特殊群体,大学生又不能完全等同于社会上的青年。心理是否健康一般采用量表测量,其标准不是固定不变的。心理健康标准随着时代变迁、文化背景变化而变化。根据我国大学生的实际情况,评判大学生的心理健康水平应从以下几个标准进行着重考虑。

1. 智力正常

智力,是人的观察力、注意力、记忆力、想象力、思维力、创造力及实践活动能力等的综合,包括在经验中学习或理解的能力,获得和保持知识的能力、迅速而成功地对新情境做出反应的能力、运用推理有效地解决问题的能力等。这是大学生学习、生活与工作的基本心理条件,也是适应周围环境变化必要的心理保证,因此,衡量大学生的智力是否正常,关键在于其是否正常地、充分地发挥了自我效能,即有强烈的求知欲,乐于学习,能够积极参与学习活动。

2. 情绪健康

情绪健康的标志是情绪稳定和心情愉快。包括的内容有:愉快情绪多于负面情绪、乐观开朗、富有朝气,对生活充满希望;情绪较稳定,善于控制与调节自己的情绪,既能克制又能合理宣泄自己的情绪,情绪的表达既符合社会的要求又符合自身的需要,在不同的时间和场合有恰如其分的情绪表达;情绪反应与环境相适应,反应的强度与引发这种情境相符合。

3. 意志健全

意志是人在完成一种有目的的活动时进行的选择、决定与执行的心理过程。

意志健全者在行动的自觉性、果断性、顽强性和自制力等方面都会表现出较高的水平。意志健全的大学生在各种活动中都有明确的目的，能适时地做出决定并运用切实有效的方式解决所遇到的问题，在困难和挫折面前，能采取合理的反应方式，能在行动中控制情绪和言而有信，而不是盲目行动、畏惧困难、顽固执拗。

4. 人格完善

人格是个体比较稳定的心理特征的总和。人格完善就是指有健全统一的人格，个人的所想、所说、所做都是协调一致的。人格完善包括人格结构的各要素完整统一；具有正确的自我意识，不产生自我同一性混乱，将积极进取的人生观作为人格的核心，并以此为中心把自己的需要、目标和行动统一起来。

5. 自我评价正确

正确的自我评价是大学生心理健康的重要条件，大学生在进行自我观察、自我认定、自我判断和自我评价时，能做到自知，恰如其分地认识自己，摆正自己的位置，既不因自己在某些方面高于别人而自傲，也不因某些方面低于别人而自卑，面对挫折与困境，能够自我悦纳，喜欢自己，接受自己，自尊、自强、自制、自爱适度，正视现实，积极进取。

6. 人际关系和谐

和谐的人际关系，是事业成功与生活幸福的前提。其表现为：乐于与人交往，既有广泛而深厚的人际关系，又有知心朋友；在交往中保持独立而完整的人格，有自知之明，不卑不亢；能客观评价别人和自己，善取人之长补己之短，宽以待人，乐于助人，积极的交往态度多于消极态度，交往动机端正。

7. 社会适应正常

个体应与客观现实环境保持良好的秩序，既要进行客观观察以取得正确认识，以有效的方法应付环境中的各种困难，不退缩，又要根据环境的特点和自我意识的情况努力进行协调，或改变环境适应个体需要，改造自我适应环境。

8. 心理行为符合大学生的年龄特征

大学生是处于特定年龄阶段的特殊群体，大学生应具有与年龄和角色相适应的心理行为特征。大学生心理健康的标准是一种理想尺度，它一方面为人们提供了衡量心理是否健康的标准，另一方面为人们指出了提高心理健康水平的努力方向。如果每个人在自己现有基础上能够做不同程度的努力，都可追求自身心理发展的更高层次，从而不断发挥自身的潜能。大学生心理健康的基本标准，是能够有效地学习和生活。如果正常的学习和生活都难以维持，就应该及时予以调整。

（三）大学生心理健康的现状及主要特征

近年来，各种大学生心理状况的调查对大学生存在不同程度心理问题的比例有不同的报告，大学生存在心理问题的比例较低的调查数字为12%，高的达60%，一般在20%到35%之间。最具权威性的报告当数1994年和1999年的两个报告。1994年国家教委（现为中华人民共和国教育部）对全国12.6万名大学生进行抽样调查，其结果显示大学生心理疾患率高达20.23%。在1999年10月召开的全国第六届大学生心理咨询交流会上，一些专家提供了大学生心理问题的分层次调查数据，即真正的精神疾病患者和严重的心理障碍者占大学生总人数的0.7%，一般心理障碍即有轻度心理失调的占6%～7%，一般心理问题，主要是适应问题的占10%左右，三者加起来共计17%左右。有资料表明，目前我国正常人群心理障碍的比例为20%左右。可见，随着高等教育从精英教育向大众化教育的发展，当代大学生的心理状况与同龄群体相比其差异并不显著。

从我国大学生心理健康状况的调查资料中不难看出，我国大学生心理健康的状况有以下特征。

①大学生心理健康水平符合正态分布的规律，多数人是健康的。据湖北大学等学校将心理健康的六个特征（生活态度、学习动机、自我观念、情绪状态、自控能力和人际关系）作为尺度编制问卷所进行的测试，发现接受测查的14个系672名大学生的心理健康水平，是按"中间大，两头小"的正态规律分布的，即大多数学生的心理状况是健康的，心理不健康（包括有心理问题和轻度神经症）的学生只是少数。

上述调查还发现，大学生心理健康水平随年级上升而提高，特别是生活态度与学习动机这两项，年级越高，得分越多。只有人际关系一项在各个年级之间波动较大。这说明我国大多数学生心理的发展是健康的。

②大学生心理健康的主要问题是成长和发展中的矛盾。大学时期是个人成长过程中又一次面临新的心理矛盾发生、转化而趋向成熟的时期。这个时期产生的心理矛盾，有环境适应问题，有学习问题，有人际关系问题，有自我观念问题，有恋爱和性的问题，还有进一步升学和就业的问题，这些问题是每一届大学生都会面临的。

大学生从入学开始，就面临对环境的适应。他们离开了家庭，离开了中学时熟悉的老师和同学，来到了大学这个陌生的环境。新的学校生活、新的学习秩序、新的老师和同学关系都使一年级新生感到生疏而一时难以适应，尤其是新的人际关系使他们感到难以适应。入学后的另一个难题，是原有的自我观念面临新的挑战。在中学时，他们都是各自学校的拔尖学生，受到家庭的宠爱、学校的重视和同学的尊重。渡过了高考难关，他们的自尊心和自信心得到加强，自感是"天之骄子"而不胜自豪。然而，进大学以后，身处强手如林的班集体中，许多学生原来的优势不复存在。原来是班级的尖子生，现在不是了，原来是学生干部，现在也不是了，落差很大，产生了失落感。有的学生感到自卑，开始与别人和集体疏远；有的学生为了取得新的成功和荣誉而重新努力完善自我，加入了新的竞争行列。大学生又开始了自我观念重新调整的过程，这时正是需要心理辅导的时候。

上大学以后，在学习问题上又产生了新的心理矛盾：有的学生对所报考的学校或专业不满意；有的学生不适应大学的教与学的方法；有的学生对自己的专业成绩感到不满意等。到了三、四年级，恋爱问题、择业问题等又成为引起困惑和焦虑的问题。这些问题都影响着大学生的思想和情绪，但又都是大学生成长中正常的心理问题，不属于不正常的心理障碍或心理疾病。

③大学生是心理障碍的高发群体。心理障碍是所有心理与行为失常的总称，通常所说的精神疾病、心理异常和变态行为都属于心理障碍。心理障碍可分为神经症、精神病和变态人格等几种类型，这几种类型又可以细分为各种不同的心理疾病。

近几年来，国内许多大学应用《SCL-90症状自评量表》对大学生的心理障碍进行测查，发现该量表所测的10项因子中，除躯体化一项外，其他各项因子皆显著高于国内成年人的常模。这些测查结果都表明，大学生是心理障碍的高发群体。有的调查甚至认为有心理障碍的大学生占全体学生数的30%～40%。这些调查认为，大学生心理健康的总体水平低于同龄青年和正常成年人。

二、大学生心理健康的内容

关于大学生心理健康内容的研究范围十分广泛，涉及大学生发展的各个方面，概括起来大致有以下几个方面。

（一）思想道德与心理健康

在教学过程中通过对学生进行兴趣、动机、需要、情操、理想、人生观、价值观等动力性心理因素方面的指导，使学生了解动机、需要与人生观、价值观的关系，明确培养良好的兴趣爱好是心理发展的起点，合理调节需要，激发健康动机是心理发展的动因，而树立健康向上的人生观、价值观则是心理健康发展的根本。

（二）自我意识与心理健康

通过对大学生的自我意识与自信心的培养，使学生学会准确地了解自己，并树立坚定的自信心。

（三）人格与心理健康

通过对气质、性格与人格的心理知识和塑造技能的学习和指导，使大学生学会自觉地矫正不良个性，培养健康的人格。

（四）学习与心理健康

通过对由注意、观察、记忆、思维、想象等构成的智力心理知识和由兴趣、动机、意志构成的非智力心理知识的学习和指导，使大学生迅速适应大学学习生活，并掌握学习的技能。

（五）创造与心理健康

通过创造心理的学习与指导，培养大学生的创造个性，并训练其创造性思维，使他们学会求知创造，并不断提高创造力。

（六）人际交往与心理健康

通过进行有关待人接物、交往交友的人际关系心理知识与技能的学习与指导，使学生掌握人际交往的原则，养成乐群、合群、益群、友群等心理品质，提高交往能力，通过优化人际关系来提高生命质量。

（七）恋爱及性心理与心理健康

通过进行有关青春晚期、成年早期身心变化规律及性心理、恋爱心理知识和应付技能的学习和指导，使大学生适应身心发展规律，学会自立、自理、自护、自爱、自强、自尊。

（八）情绪与心理健康

通过进行情绪、情感、意志等控制心理知识和调控技能的学习和指导，使学生养成自觉性、果断性、坚持性、自制性等心理品质，增强学生对自我的控制调节和约束能力。

(九)挫折与心理健康

通过学习挫折心理,了解挫折及其情绪反应,锤炼大学生优良的意志品质,提高其挫折承受力。

三、不同运动项目对大学生心理健康的促进策略

(一)体育对心理健康的影响

从已有的研究成果来看,体育对心理健康的积极影响主要表现在以下几个方面。

1. 促进认识能力的发展

体育运动各项目都有一个共同的特点,即在运动或高速运动中要求运动者既要能对外界物体(如球、器械等)做出迅速准确的感知与判断,又要能迅速感知、协调自己的身体以保证动作的完成。这样长期的运动便能促进人的感觉、知觉能力的发展,提高人的反应能力和直觉判断能力,使人变得敏锐、灵活。

2. 提高唤醒水平

唤醒是指身体的激活水平,对唤醒水平的期望随任务的要求、环境和个性的不同而不同。例如,一个性格外向的人,在舒适的环境中从事一项令人厌倦的工作时最需要提高唤醒水平。一般认为,体育锻炼能提高人的唤醒水平是由于各种感觉信息的输入。体育活动只有达到一定的运动量才能引发唤醒水平的提高,才能维持对消极情绪的长期控制。相反,在一个舒适愉快的情境中,慢跑只能产生放松效果,不能提高唤醒水平。体育活动对于精神不振、心境较差的人具有显著的治疗和调节作用,可以使其摆脱烦恼,振奋精神。

3. 减轻应激反应

应激是指个体对应激源或刺激所做出的反应。目前的研究认为,应激反应是一种包含应激源、个体对应激源的评价以及个体的典型反应等因素作用的过程,应激有积极应激和消极应激之分。在生活和工作中,人需要一定程度的应激,这有助于提高生活的质量和工作的效率,但过分的应激反应对健康不利。

通过体育锻炼可以减轻应激反应是因为肾上腺素能受体的数目减少或敏感性下降,降低心率和血压而减轻了特定的应激源对生理的影响。科巴沙1985年指出,体育活动可以锻炼人的意志,增强人的心理坚韧性,体育活动具有减轻应激反应和缓解紧张情绪的作用。

经常参加体育活动的人更少产生生理上的应激反应，如果有应激反应，也能尽快地从中恢复过来，尤其是从事有氧运动如跑步、轻快地走路、游泳、自行车、舞蹈、跳绳等对人的意志品质影响甚大。

4. 消除疲劳

在从事体育活动时保持良好的情绪状态，中等强度的活动量就能减缓疲劳。有研究表明，体育活动能提高最大吸氧量和最大肌肉力量等生理功能，减缓疲劳。因此，体育活动对治疗神经衰弱具有特别显著的作用。

5. 加强社会联系

随着我国城镇化建设进程的不断加快，许多生活在城市的人越来越缺乏适当的社会联系机会。体育活动是一种很好的增加人与人之间相互接触的形式。通过与他人的接触，可以使个体忘却烦恼和痛苦，消除孤独感，集体性体育活动能增强社会满足感。研究证明，体育活动对于治疗孤独症和人际关系障碍有显著的作用。

6. 治疗心理疾病

根据基恩1983年的调查，1750名心理医生中，80%的人认为体育锻炼是治疗抑郁症的有效手段之一，60%的人认为应将体育活动作为一种治疗手段来消除焦虑。临床研究表明，通过参加一些如慢跑、散步、徒手操等身体练习能有效地减轻焦虑和抑郁症状，增强自信。除此之外，有关体育锻炼的心理治疗效应还反映在对精神分裂症、酒精和滥用药物、体表体形症状的研究等方面。

对于一个健康人来说，长期进行体育锻炼就会有促进心理健康的作用，对于一个患有心理疾病的人来说，这种作用会更加明显。有一项研究表明，进行8周的体育锻炼后，精神病患者的抑郁状况得到了明显改善。另有研究表明，进行有氧练习的学生，其心境状况改善程度比控制组大，特别是那些练习前存在情绪问题的学生其心境状态改善的程度最为明显。人们参加某个项目运动并坚持锻炼，其生理技能、身体素质将会得到改善，也会相应掌握并发展一些运动的技能和技巧。因此，个体会以自我锻炼反馈的方式传递其成就信息至大脑，从而获得自我成就的认知和情感体验，产生愉快、振奋和幸福感。所以，适宜的体育锻炼能使有心理障碍的个体获得心理满足，产生积极的成就感，从而增强自信心，摆脱压抑、悲观等消极情绪，并消除心理障碍。

就目前而言，这些心理疾病的病因以及体育锻炼有助于治疗心理疾病的基本机制尚未完全清楚，但体育锻炼作为一种心理治疗手段在国外已经流行起来。在学生中，通过体育锻炼可以减缓或消除由于学习和其他方面的挫折而引起的焦虑和抑郁等症状，为不良情绪的宣泄提供一种合理有效的手段，防止心理障碍或疾病的发生。

7. 提高自信，完善自我

在体育锻炼和竞赛中，特别是参加个人擅长的运动项目，能在身体完成各种复杂动作的过程中，在与同伴的默契配合中，在与对手斗智斗勇的拼搏中，以及在取得胜利的喜悦中，获得自我满足，提高自信心，并在训练和比赛中不断得到自我完善。

8. 调节情绪，陶冶情操

体育运动对心理健康影响的主要标志之一就是情绪状态，也是人的自然需要是否得到满足而产生的一种体验。情绪几乎参与人的所有活动，对人的行为活动具有很大的调节作用，而体育活动能直接给人带来愉快和喜悦，并能缓解紧张和不安，从而调控人的情绪，增进心理健康。伯格认为，有规律地从事中等强度（最大心率的60%～75%）活动的锻炼者，每次活动20～30分钟，有利于情绪的改善。有些研究人员发现，用力运动可减少情绪上的负担，甚至能减轻偶发事件的精神压力而造成的心理负担，通过运动行为的替代作用，减轻或消除情绪障碍。在当今比较发达的城市，人们处在快节奏、高效率、强竞争的环境中，心理上会产生一定程度的紧张、焦虑和不安。通过体育运动可以使不良的情绪状态得到改善，心理承受能力得到提高。大学生在进行繁重的学习后，参加轻松活泼的体育活动，如练习韵律体操和舞蹈，在优美的音乐旋律中进行活动，欢快的情绪油然而生，并在思想情操上得到陶冶，可以使人的精神为之振奋。

总之，体育锻炼不仅可以有效地促进智力的发展、调节情绪、培养良好的意志品质、增强自我概念、改善人际关系，还可以增进心理健康，使个体发挥最优的心理效能。

（二）影响体育锻炼产生良好心理效应的因素

影响体育锻炼产生良好心理效应的因素有很多，主要包括：是否喜爱体育锻炼并能从中获得乐趣；运动的方式、运动项目及运动强度和时间是否适宜；体育锻炼是否能长久坚持。

1. 喜爱体育锻炼并能从中获得乐趣

这是体育锻炼产生良好心理效应的基础。如果对体育锻炼没兴趣就很难从中获得乐趣，就不可能产生满足感和良好的情绪体验。因此，努力学习体育锻炼的有关知识，正确认识与理解体育锻炼的价值与作用，加强课内体育教学与课外体育活动的衔接，培养广泛的体育兴趣对激发体育锻炼的良好心理效应具有重要意义。

2. 运动的方式

按人体在运动中的能量代谢方式，可将所有运动分为有氧运动、无氧运动和混合运动三类。研究表明，进行体育锻炼时以有氧活动为主，采用有重复性与有节律的身体活动（如慢跑、游泳、骑自行车、跳绳、健美操等），可以取得更好的愉悦身心的效果。

3. 运动项目

不同的运动项目或不同的运动形式所获得的心理效应是不同的。应尽量避免那些激烈竞争项目，可多选择一些个人项目，这样运动时间、空间、动作节奏等更易于个人控制，锻炼者可更随意、更自由地进行，更容易获得良好的情绪体验。

4. 运动强度和时间

要想获得较好的健心效果，运动强度应以中等强度为佳，即心率控制在最高心率（最高心率=220-年龄）的60%～80%，运动强度过大易产生紧张感和疲劳感。一次锻炼的持续时间应为20～30分钟，每次少于20分钟的运动，很可能心理效应尚未出现，身体活动就停止了，而时间过长又可能造成厌倦、疲劳，引起不良情绪。

5. 体育锻炼应持之以恒

有研究指出，身体练习的系统性越强，体育锻炼所产生的良好心理效应就越明显。这表明只有长期坚持体育锻炼，养成习惯，才可获得良好的健身效果。

（三）不同运动项目的心理健康促进价值

对于个体来说，参加体育锻炼能否取得良好的心理效应关键在于其是否能从活动中获得乐趣并感到愉悦。运动愉悦感是一种积极的情绪体验，如果活动参与者不能从体育锻炼中体验愉悦，个体就很难持久地坚持下去，体育锻炼就很难产生积极的心理效应。研究表明，体育锻炼中体验到的愉快感具有直接的心理健康效应。对于那些长期参加体育锻炼的锻炼者来说，愉悦感是他们能够坚持下来的主要原因。

①选择足球、篮球、排球以及接力跑、拔河等集体项目可以帮助孤独、有怪癖、不大合群、不习惯与同伴交往的人逐步适应与同伴的交往，并热爱集体。

②参加游泳、溜冰、滑雪、拳击、摔跤、单双杠、跳马、平衡木等项目，要求腼腆、胆怯、容易脸红、怕难为情的人不断地克服害怕摔倒、跌痛等胆怯心理，以勇敢、无畏的精神去战胜困难。

③参加乒乓球、网球、羽毛球、拳击、摩托、跨栏、跳高、跳远、击剑等体育活动，在这些项目面前，优柔寡断、犹豫不决的人任何的犹豫、徘徊都将延误良机，遭到失败。

④参加下棋、打太极拳、慢跑、长距离的步行及游泳和骑自行车、射击等缓慢、持久的项目，能帮助遇事易急躁、感情易冲动的人调节神经活动、提高自我控制能力。

⑤参加公开的激烈的体育比赛，特别是足、篮、排球等项目，场上形势多变，比赛紧张激烈，遇事过分紧张，容易发挥失常的人，只有冷静沉着地应对，才能取得优势。"久经沙场"，遇事就不会过分紧张。

⑥选择一些难度较大、动作较复杂的技巧性活动，如跳水、体操、马拉松、艺术体操等体育项目，也可找一些实力超过自己的对手下棋、打乒乓球或羽毛球等，不断提醒自负、逞强的人"山外有山"。

（四）常见心理问题的体育疗法

1. 急躁、易怒的体育疗法

倘若发现自己遇事容易急躁，感情容易冲动，可参加下棋、慢跑、长距离步行及游泳等缓慢、持久的项目。这些体育活动能帮助调节神经活动，提高自我控制的能力，稳定情绪，使容易急躁、冲动的弱点得到改善。

2. 遇事紧张的体育疗法

遇到重要事情容易紧张、失常的学生，可参加公开的激烈的体育竞赛，如篮球或竞技性强的游戏。因为场上形势多变，比赛紧张激烈，只有冷静沉着地应对，才能取得优势。若能经常在这种场合中接受考验，久经沙场，那么遇事就不会过分紧张，更不会惊慌失措，从而给学习工作带来益处。

3. 孤僻的体育疗法

如果感觉自己不合群，不习惯与同伴交往，就应选择篮球、接力跑、拔河等集体项目。坚持参加这些集体项目的锻炼，会帮助自己慢慢地改变孤僻的习性，逐步适应与同伴交往，并热爱集体。

4. 腼腆、胆怯的体育疗法

有的学生胆子小，做事怕风险，容易脸红，易难为情，那么就应该多参加溜冰、单杠、越过各种障碍物等项目活动。这些运动要求人们不断克服害怕摔倒、跌疼等胆怯心理，以勇敢无畏的精神去战胜困难、越过障碍。

5. 自负、逞强的体育疗法

如果发现自己有自负、好强的特征，就应该选择一些难度较大、动作较复杂的活动，如长跑、技巧等体育项目。喜欢下棋、打球的话，就尽量找一些实力水平超过自己的对手进行比赛，以不断地提醒自己"山外有山"，万万不能自负、骄傲。

体育锻炼作为心理纠正的治疗方法，还要注意有一定的强度、质量和时间要求。每次锻炼时间在30分钟左右，运动量从小到大，循序渐进，同时还要防止发生意外事故。

第四节　社会适应与体育锻炼

世界卫生组织在其宪章中提出："健康不仅是没有疾病或是不虚弱，而是身体的、精神的健康和社会适应良好的总称。"因此，社会适应能力成为衡量大学生健康水平的重要维度，而体育对培养高素质的人才，建立科学、健康、文明的现代生活方式和预防现代文明病的发生都具有重要的作用。本节在阐述大学生社会适应的基本理论的基础上，结合体育的功能价值和体育教学的具体案例，阐述怎样使学生学会在体育锻炼中树立公平竞争的体育精神，与他人友好交往、建立良好的人际关系，怎样通过体育活动，形成良好的团队协作意识。

一、大学生社会适应概述

（一）大学生社会适应的概念及构成要素

适应是来源于生物学的一个名词，用来表示能增加有机体生存机会的那些身体和行为上的改变，心理学上用来表示对环境变化做出的反应。根据心理学关于适应的概念，结合大学生群体的心理和行为的特点，我们认为，大学生社会适应是指大学生为了更好地适应大学生活和将来的社会变化而使自己的行为符合社会要求以及努力改变环境以使自己能够获得更好的发展的积极的内在的过程。大学生社会适应性是大学生是否健康的一个重要标准，是大学生进入大学后与大学环境相互作用，与周围同学、老师相互交往的过程中，以一定的行为积极地反作用于周围环境而获得平衡的心理能力。具有较强社会适应性的大学生对环境变化大都持有积极灵活的态度，能够主动调整自身的身心，在现实大学生活环境中保持一种良好的有效的生存状态。

根据心理学家的研究成果，我们认为社会适应性品质主要包括学习适应性、人际关系适应性、竞争环境适应性、合作能力和挫折耐受力等。学习适应性指大学生能够根据学习环境、学习内容和教师的教学方式的改变而对自己的学习准备、学习方式和复习方式等做出调整，包括学习的准备计划、改进学习方法、归因倾向和积极努力的学习态度等。人际关系适应性是指大学生在大学生活实践中，所建立起来的相对稳定的社会关系，并能对这种社会关系做出调整，以符合自身发展的需要。竞争环境适应性是指为了自己的利益和需要而和他人争胜的行为。合作能力是指大学生之间为实现某一共同的目标在思想或行为上相互协调配合的能力。挫折耐受力指学生面对挫折而采取的防御和自我调节方式。

（二）大学生社会适应现状及特征

在现实生活中，一个大学新生离开家乡，离开父母和家庭，步入一个新的生活环境，学习的内容发生变化，生活的方式发生变化，日常接触的社会群体也发生变化……这些变化，都以一定方式影响着学生的心理，造成学生心理上的不平衡和行为上的不适应。在一次对大学新生的调查中发现，有42%的学生反映，由于环境的改变，出现了矛盾、困惑心理。其中一部分学生表现出对现实的失落感。中学时教师为了激励学生刻苦学习，考出好成绩，把大学描绘成一个"人间天堂"，学生也将考大学作为唯一的和最终的目标来激励自己在高中埋头苦读。但当跨入大学校园后，突然发现事实并非如此，进而怀念起过去的中学生活。而且一部分学生发现在中学时站在山顶"风景这边独好"的感觉没有了，在高手如云的新的集体内，昔日那种"鹤立鸡群"的优越感荡然无存，无形中在心理上产生了一种失落感。另有一部分学生表现出对专业学习的困惑心理。与中学相比，大学学习具有更强的自主性、灵活性和探索性，进入大学后，他们一时无所适从。有些学生感觉一下子从中学的严格管教中"松了绑"，但又不知如何安排学习，心中感到忧郁、焦虑和恐慌。还有一部分学生表现出对生活及其环境的不适应。进入大学后，由原来依赖父母的家庭生活过渡到相对自立的大学集体生活，心理上产生一种孤独感。

二、大学生社会适应的内容与自我评定

（一）大学生社会适应的内容

1. 角色转换的适应

从一名中学生转变为一名大学生，每一位大学新生都面临着角色的转换，面临着对自我的重新定位。在这种角色的转换过程中，如果自身的行为不能随着角色的变化而变化以符合角色的要求，不能随着时间、环境的不同而进行相应的调整，就可能会出现角色的冲突，从而出现适应不良。例如，有一些学生入校后，首先感到难以适应的是在班级中地位的变化，因为能进入大学的学生在中学往往是尖子生，并且习惯了"拔尖"的地位，而进入大学以后，各方面的人才聚集在一起，势必使大部分学生失去原来的"拔尖"地位，而成为"一般"甚至"比较差"的成员。这种地位的变化越明显，他们适应起来就越困难。很多学生在中学时期是学习尖子，可以说，很多人是带着"过去的辉煌"来到了大学，而进入大学后由于人才荟萃，不少人在学习上的优势将会削弱或消失，不再是大家关注的焦点，大多数学生要从优势角色向普通角色转变，面对新的角色，有的学生发现自己不管是从学生干部职务还是从学习上都很难再现辉煌，于是便产生一种"挫折感"。有的新生由于往日盲目自信和骄傲，此时便觉得自己落伍掉队，原有的优越感和自豪感变成了自卑感和焦虑感。这一转变很可能引发大学生对自己角色定位的困惑，精神上会出现失落感，自卑、抑郁、退缩等心理问题就可能会出现。

从中学进入大学是人生中一个较为重要的变化，步入大学校园，随着环境的改变，个人的角色也会随之改变，正确地评价和认识自我，及时地进行角色调整，为自己重新确定一个恰当的位置和目标，进行新的角色定位和自我角色期待，而不是抱着原来的自我不放，这样才能完成角色适应，愉快地度过大学时光。

2. 生活、环境的适应

陌生的校园、陌生的脸孔、全新的语言环境、崭新的校园内外文化生活，怎样适应新的生活、新的环境，是大学新生进入校园后首先就要面临的问题。对大多数刚踏进大学校门的学生来讲，他们在入学前，对大学的生活、大学的环境都充满了期待，然而理想与现实之间总是会有差距的，如果不能及时进行调整，以减少理想与现实间的冲突，就很容易导致各种心理落差和心理失衡，以至于不能很好地适应。

家庭舒适的生活条件，父母的各种关爱，使许多学生缺乏独立的生活能力，他们一旦离开了父母，便感到生活上失去了依靠，对于新生来说，进入大学后，没有了父母、长辈的悉心照料，他们首先要独立生活，独立面对生活中的困难，要学会打理日常生活，要学会自己照顾自己。从一日三餐到个人的生活，一切都要由自己做主，这会使一部分学生感到手足无措；饮食习惯的改变，生活环境的改变等，导致有的学生会抱怨食堂不可口的饭菜，抱怨集体生活的种种不便，抱怨同宿舍舍友的一些不良习惯；还有一些北方的学生由于不适应南方炎热、潮湿的气候条件，会有一些生理的不适，从而产生各种心理困扰。这一系列生活习惯和环境的改变都可能使学生感到不适应，因而出现想家、思念亲人、怀念老同学等现象，并由此产生各种烦恼，出现焦虑、抑郁、敌对、低落的情绪，严重者会影响心理健康。曾有一位考到外地高校的男生，由于无法面对没有父母照顾的生活，产生了严重的厌学情绪，最后选择了退学。

面对生活、环境的种种改变和不适应，学生除了要保持积极乐观的心态外，还应积极寻求外部支持，获得家庭、朋友、同学和老师的帮助，应让自己坚强独立起来，培养自理能力，为自己创造良好的生活环境，科学地安排课余生活，保持身心愉快、健康，顺利地投入学习中去。

3. 人际关系的适应

我国心理学家丁瓒教授指出："人类的心理适应，主要是对人际关系的适应；人类的心理疾病，主要是由人际关系失调导致的。"对大学生而言，也同样如此。人际关系在大学生活中始终都是影响心理健康的重要因素。人际关系不良，会给大学生带来很多烦恼、焦虑和不安，进而可能产生许多心理问题。有调查发现，在大学一年级新生中有一半以上的学生有人际交往方面的心理困惑，这是大学新生最大的心理问题。

大学校园比起中学来说更接近于社会，由于大学生来自全国各地，彼此之间的生活习惯、家庭背景、性格、语言都会有一定差别，所以，每个人都会有不同的交际关系。有些学生表现为人际敏感。在大学，来自天南地北、五湖四海的学生汇集成一个社会的群体，由于地域与家庭的差异，他们原来各自的生活方式、性格、兴趣、思想观念、饮食习惯等也存在明显差异，在这个大家庭的人际交往过程中，不可避免地会发生一些摩擦、冲突和情感损伤，这一切难免会引起一部分心思敏感的学生的不快。本来他们远离父母就有一种孤独感，一旦出现人际关系不和谐发生其他冲突，这种孤独感就会进一步加剧，从而产生压抑和焦虑。有些学生表现为人际交往心理障碍。因为语言表达能力较差，使得他们害怕与他人沟通思想感情，把自己的内心情感世界封闭起来。这种人经常处于一种渴望交往而又害怕交往的矛盾之中，很容易导致孤独、抑郁或自卑。还有些学生是因为性格上的不合群，他们在学生中因不被理解而被排斥，其中一部分人便独来独往，不与他人接触，久而久之就产生一种受冷落或性格孤僻、粗暴等心理倾向。在现实生活中，人与人之间都有差异。每个人都有自己的个性、习惯和观点。每个人在人际交往中都会遇到一些不和谐的情况，彼此交往之中会产生各种矛盾冲突或纠葛，要适应，就得容忍差异的存在。人无完人，既要能容忍自己的不足和差错，也要能容忍他人的不足和差错。尊重他人，诚恳和谦虚待人，求同存异，随时调整自己的态度和情感反应，提高自己的人际交往能力，才能与他人建立起友好的、协调的人际关系。

4. 学习的适应

上大学是人生一个重要的转折点。相关调查显示，有60%的新生存在不同程度的学习心理的问题。刚从中学毕业考上大学的大学生，在大学都要经历学习心理与学习方法的适应期，有的学生很快就能适应，但有的学生则适应得很慢。作为大学新生必须有意识地尽快从心理上主动适应大学的学习生活环境，才能打下成才的坚实基础。大学的学习比中学更复杂、更高深，同时也更为自觉、独立。教师的授课方式也不同于以往，大学里很少有人监督、主动指导学生，相当一部分大学生，由于上大学后的"动机落差"，如高中阶段唯一的目标是考上大学，一旦目标实现了，上大学后就开始松懈自己，没有树立起进步的目标，自我控制能力差，缺乏远大的理想，没有树立正确的人生观，学习动力不足，从而影响学习效率与学习效果。培养自主学习能力，实现由被动学习向自主学习的转变，有助于适应新的大学学习任务和环境。要尽快适应大学的学习生活，首先要学会自主学习。这就需要学生具有主动性，自己做时间的主人，有计划地进行学习，能充分利用自习的时间，要善于选择参考书或文献资料，有选择地学习，而不是盲目学习。此外还要多渠道学习，除在课堂上学习外，还要能利用图书馆、资料室的图书资料进行自学，积极参加相关的学术讲座或课外兴趣小组的学习研究，并能主动拜访老师或同学，获得老师和同学对自己的指导和帮助。另外，要学会探索性学习，要积极参与实践，通过参加一定的社会实践活动，了解社会，增长知识和提高能力。

学习的动机如果是正确的，学习的毅力就会大大增强。教育心理学的研究表明，学习动机是直接推动学生进行学习的一种内部动力。它是一种学习的需要，这种需要是社会和教育对学生学习的客观要求在学生头脑里的反映，它表现为学习的意向、愿望或兴趣等，对学习起着推动作用。因此，大学生有正确的学习动机对适应大学的学习生活是十分重要的。

每一个大学新生真正开始大学生活时，由于生活环境、生活方式、学习内容以及人际关系等的种种改变，他们都会经历一个时间长短不一的适应阶段，从不适应到适应，这些改变以一定的方式不同程度地影响着每一个学生的心理。如何缩短适应期，如何克服适应阶段出现的种种心理问题，是每一位大学新生都要面临的重要问题。学会积极适应，维护心理健康，是每一个大学生顺利成长的必要前提。

（二）大学生社会适应能力自我诊断

社会适应能力，指的是一个人在心理上适应社会生活和社会环境的能力。社会适应能力的高低，从某种意义上说，代表一个人的成熟程度。下面的问题能帮助进行社会适应能力的自我诊断。（A. 是 B. 无法肯定 C. 不是）

①每到一个新环境，我总要经过很长一段时间才能适应。　　（　　）
②每到一个新的地方，我很容易同别人亲近。　　（　　）
③在陌生人面前，我常无话可说，甚至感到尴尬。　　（　　）
④我最喜欢学习新知识或新学科，它给我一种新鲜感，能调动我的积极性。
　　（　　）
⑤每到一个新地方，第一天总是睡不好，就是在家里，换一张床，有时也会失眠。　　（　　）
⑥不管生活条件有多大变化，我也能很快习惯。　　（　　）
⑦越是人多的地方，我越感到紧张。　　（　　）
⑧在正式比赛或考试时，我的成绩多半不会比平时练习差。（　　）
⑨我最怕在班上发言，全班同学都看着我，心都快跳出来了。（　　）
⑩即使有的同学对我有看法，我仍能同他（她）交往。　　（　　）
⑪老师在场的时候，我做事情总有些不自在。　　（　　）
⑫和同学、家人相处，我很少固执己见，乐于采纳别人的看法。（　　）
⑬同别人争论时，我常感到语塞，事后才想起该怎样反驳，可惜已经太迟了。
　　（　　）
⑭我对生活条件要求不高，即使生活条件很艰苦，我也能过得很愉快。
　　（　　）
⑮有时自己明明把课文背得滚瓜烂熟，可在课堂上背的时候，还是会出差错。
　　（　　）

⑯在决定胜负成败的关键时刻,我虽然很紧张,但总能很快使自己镇定下来。
(　　)
⑰我不喜欢的东西,不管怎么学也学不会。(　　)
⑱在嘈杂混乱的环境中,我仍然能集中精力学习,并且效率较高。(　　)
⑲我不喜欢陌生人来家里,每逢这种情况,我就有意回避。(　　)
⑳我很喜欢参加社交活动,我认为这是交朋友的好机会。(　　)

[评分办法]

①凡是单数号题,是:-2分,无法肯定:0分,不是:2分。
②凡是双数号题,是:2分,无法肯定:0分,不是:-2分。
③将各题的得分相加,即总得分。

[诊断结果]

35~40分:社会适应能力很强,能很快适应新的学习、生活环境,与人交往轻松、大方,给人的印象极好,无论进入什么样的环境,都能应付自如,左右逢源。

29~34分:社会适应能力良好。

17~28分:社会适应能力一般,当进入一个新环境,经过一段时间的努力,基本上能适应。

6~16分:社会适应能力较差,依赖较好的学习、生活环境,一旦遇到困难则易怨天尤人,甚至消沉。

5分以下:社会适应能力很差,在各种新环境中,即使经过相当长时间的努力,也不一定能够适应,常常因与周围事物格格不入而十分苦恼。在与他人的交往中,总是显得拘谨羞怯,手足无措。

温情提示:如果你在这个测查中得分较高,说明你的社会适应能力较强。如果你得分较低,也不必忧心忡忡,因为一个人的社会适应能力会随着年龄的增长、知识经验的丰富而不断增强。只要你充满信心,刻苦学习,虚心求教,加强锻炼,就一定会成为适应社会的成功者。

三、体育运动促进大学生社会适应能力提高的策略

体育活动本身就是一个社会交往的情景,因为它包含等级观念、流行时尚、服装潮流、法律精神、基本道德行为规范、商业关系等许多社会交往中常见的要素,它就像一个"价值容器"一样盛载着社会上主要的、流行的价值观念。在学校教育中,体育课教学和课外体育活动的开展,以及学校对体育的政策,

都对学生参与体育活动的社会化过程有很大影响,尤其是体育课教学,除了增强学生体质、增进学生健康外,还教授学生掌握有用的社会知识,培养学生优良的道德品行。由于少年儿童在学校的时间较长,所以学校教育和同学之间体育运动气氛的营造是体育社会化过程的重要环节。

社会化的过程也是一个角色学习的过程。体育活动中的角色有很多,如竞赛者、队员、教练、裁判、观众、组织人员等,而这些角色与现实生活中的一些角色比较相似,因此,通过参加体育活动,个人可以学习和体验现实社会中的各种不同角色,获得相应的经验。

(一)体育运动与大学生合作精神的培养

1. 体育运动中的合作形式

在体育活动中,特别是在篮球、排球、足球等集体运动项目中,参与者之间的全力合作是运动顺利进行以及取得良好运动效果和运动成绩的重要保证。体育运动中的合作形式多种多样,有运动参与者个人与个人之间的合作、个人与群体间的合作,还有教师与学生、教练与运动员之间的合作,不同的运动项目、不同的运动情境,参与者之间的合作形式也各不相同。在集体运动项目中,如篮球、排球、足球等项目,一次成功的进攻或防守,往往需要通过同队数名队员的积极跳动、传球、掩护等系列战术行为才能奏效。在集体参与的个人项目中,如田径、游泳等,团队的胜利更是取决于每个队员的努力、个人成绩的积累。在比赛场外,负责后勤保障的无名英雄的辛勤劳动以及广大体育迷的呐喊助威,是一种间接合作,也是运动员取胜的重要保证。可见,体育运动需要合作,合作能力是体育运动参与者必须具有的素质,也是通过体育运动可以培养与提高的一种能力。

2. 体育合作的要素

默契、成功的体育合作取决于以下要素。

(1)集体主义观念

在体育运动中,要发扬和倡导以大局为重的集体主义精神。如果运动参与者心中无集体,凡事总是把个人的名利放在首位,其行为就无法与集体的意愿相符,难以与队友和同伴合作。例如,在足球比赛中,进攻一方将球由中场传到前场右边。如果右边锋是个喜欢出风头的人,一味只想自己射门进球,就不会把球传给处于最佳位置的队友,将队友"视为观众",这就是不合作,是个人英雄主义的表现。在体育实践中,一个时时能以全队的整体运动效果为目标的人，才能使个人行为有助于团体，才能使团队的活动有效，获得成功。

（2）体育运动目标

共同参加一项体育运动的人都是有意识的，力图以一定的计划来调节相互的行动。每个人和团队在体育运动中可以具有各种目标，有的是为了比赛获胜（名次），有的是为了在比赛中创造好成绩，有的为了娱乐休闲，有的为了健身，有的重在参与。在运动中，如果合作双方的目标一致，他们在制订运动计划时就易趋向一致，运动中就容易合作并产生默契。

（3）战术意识和战术行为

战术意识是指运动员或参与者在比赛中（包括非正规比赛和游戏）为达到制胜对手、获得成功的目的而决定自己战术行为的思维活动。战术意识强的队员，能在多变的竞赛环境中及时准确地观察场上的情况，做出正确的判断且随机应变，从而决定自己的行动，与同伴协调配合。实践证明，合作双方战术意识一致或相近，认识与判断事物就易趋向一致，行为就容易协调一致，很容易产生默契。

战术行为是为达到特定战术目的而采取的动作、动作系列和动作组合。在集体性运动项目中，全队的战术行为能否协调一致与战术意识密切相关。经常参加集体性运动项目有助于培养良好的战术意识和合作精神。

（二）体育运动与大学生竞争意识的培养

竞争与合作相对立，是指为了自己的利益和需要而同他人争胜的行为。在竞争的社会情景中，一方的获益会引起另一方的利益损失，而且个人对个体目标的追求程度高于对集体目标的追求程度。竞争观念在现代社会中是一个重要的价值观念，现代社会竞争日趋激烈，竞争既是体育的特征之一，又是体育精神的重要内容之一，现代奥林匹克的运动口号"更快、更高、更强"就是竞争的体现。市场经济社会就是竞争的社会，各行各业的竞争归根到底是人才综合素质（科技文化、思想品德、体质）的竞争，竞争过程也是他们的身心素质，各方面知识、能力的自我展示、优胜劣汰的筛选过程。竞争是体育运动的主要特征之一，在体育运动中，时时处处有竞争，这是对自己运动能力的挑战，如长跑到达"极点"时，是坚持下去还是半途而废？既有人与人之间的竞争，又有团体与团体之间的竞争，这种竞争，必须讲究良好的体育道德，主要靠自己的能力，而不是通过不择手段地伤害他人来取胜。体育运动与保守性格势不两立，强烈的竞争性督促着每一个参与者不断去创新和变革。在体育运动中，不讲门第，不排世袭，不序尊卑。在竞争活动中不承认除个人身体、心理以外的任何不平等。体育运动最讲法治，不徇人情，最讲现实，不论资历，最讲务实，不图虚妄，它以"公平竞争"为宗旨，培养人这样的意识和观念：权利和义务、成功和失败、机会和风险，对所有人应该是均等的。通过体育活动的竞争来培养大学生积极进取的竞争意识，为日后走出校门，走向社会，投身于激烈竞争的社会做好思想上的准备。

第四章 高校体育教学的研究与探索

第一节 高校体育教学指导思想与制约因素

学校体育教学指导思想是对体育教学活动起方向指导作用的，并以教学目标、任务为核心的基本观点与认识。它从体育教学角度反映了一定时期社会对学校体育、体育教学培养人才的要求，在根本上与社会的政治经济发展水平、学校体育发展水平相适应，以适应当今的社会对人才培养的新要求。按照改革开放时期党的教育方针，人们开始从多角度、多层次的系统出发，进一步确立生物、心理、社会等多层次的学校体育观。在学校体育教学指导思想方面，强调学校体育要在增强学生体质的同时，为终身体育打基础，为竞技运动备人才，为培养个性全面发展的社会主义现代化建设者服务。

一、高校体育教学指导思想

虽然高校体育理论界开展过多次有关高校体育教学指导思想问题的讨论，但至今尚未形成一致的认识。归纳起来，主要有以下几种观点：①高校体育教学应以增强学生体质、提高健康水平为主，因此提出"体质教育"的指导思想。②"三基"教学是高校体育教学的中心环节，因此提出"技能教育"的指导思想。③高校体育教学应以促进学生德、智、体全面发展为方针，以全面完成体育教学各项目标为主导，因而提出"全面教育"的指导思想。④当前国内外教育家都十分重视学校教育中培养和发展学生的能力，所以提出"培养能力"的指导思想。⑤随着竞技体育的发展，许多高校都成立了高水平运动队，于是有的学者强调高校要为发展学生竞技能力，提高运动技术水平多做贡献，因而又提出了"竞技体育"的指导思想。此外，还有"快乐体育""主动体育""终身体育"等体育教学指导思想。从高校体育教学改革的现状来看，各种指导思想都不同程度地在起作用，各种观点都有不同的针对性、时代性和强调的重点。在当前高校体育教学改革的热潮中，专家学者对体育教学指导思想各抒己见，观点纷呈，各种指导思想的提出和争论，是深化高校体育教学改革和活跃学术气氛的表现，这对于逐步建立具有中国特色的高校体育教学体制是十分有益的。

高校体育教学指导思想是体育教学活动的根本方向和目标，高校体育教学要落实以终身体育为指导思想，就必须立足于现实，着眼于未来，对现有的体育课程进行整体改革，重视体育理论知识的传授，建立"少而精"的体育实践教材新体系，延长开设体育课程的年限，体现"以人为本"的观念，关注学生的身心健康，为学生的终身健康服务。

二、体育教学指导思想的主要制约因素

体育教学指导思想的形成和发展具有历史的和逻辑的必然性，但制约这种必然性的因素也是多种多样的，这些因素的矛盾运动影响着体育教学指导思想的产生和发展。正如恩格斯所说："历史从哪里开始，思想进程也应当从哪里开始。而思想进程的进一步发展不过是历史过程的抽象的、理论上前后一贯的形式的反映，这种反映是经过修正的。这时，每一个要素可以在它完全成熟且具有典型形式的发展点上加以考虑。"尽管要理顺这些复杂的制约因素比较困难，但从系统论的角度把体育教学看成一个系统加以分析和概括的话，我们可以把体育教学指导思想的诸多制约因素分为外部主要制约因素和内部主要制约因素两类。

（一）外部主要制约因素

体育教学指导思想作为一种理性的内容，综合反映了一种社会现象，绝不是独立存在的，它必然受到某些哲学思想、教育思想和民族习惯及文化观的影响，因为思想史的研究不是单一地研究某一领域，而是站在政治、经济、历史、教育、宗教、社会这一层次上综合地、全面地论述它的理论体系和学说。体育教学本身是基于社会的需要而产生的，它的思想是一种社会思潮、倾向和目的的复合体。这种复合体必须依托于一定的社会政治、经济、文化背景而存在，正如我们研究体育思想史时，要把某一体育思想纳入整个社会背景中去分析它的产生、发展和各种社会因素一样，当我们从整个社会的政治、经济、文化等背景方面考虑体育教学指导思想的制约因素的同时，也不能忽视社会生产力发展水平，尤其是科学技术发展水平。科学技术是第一生产力，它的发达程度往往取决于教育发展水平，而教育发展水平代表着教学论和心理学的发展水准。

作为学校教育的一个重要组成部分的体育教学，当我们研究其指导思想的制约因素时，就不得不考虑这些因素。

综上所述，我们探讨体育教学指导思想的外部制约因素，必须从全面的、综合的、联系的观点出发，既考虑社会背景，又考虑社会生产力发展水平。

（二）内部主要制约因素

体育教学指导思想不仅受外部因素的制约，同时还受其系统内部如体育教学的本质特征和功能、学生身心发展特点和规律、传统体育教学观念、学校体育教学发展不平衡和多样性、体育教师的政治水平和业务水平、学生的体育观念和体育态度等因素的影响。

第二节　高校体育教学的目标、内容、方法和评价

一、高校体育教学目标

目标是想要达到的境地或标准。体育教学目标是体育教学活动的主体在具体教学活动中所要达到的标准，是教和学双方都应共同遵循的，对教师来说是教授的目标，对学生来说则是学习的目标。理想的教学目标应该是教授目标与学习目标的统一体。由于体育教学目标是在具体的教学活动中所达到的标准，也就意味着，具体教学活动不同，教学目标是有差异的。可以说，体育教学目标是一个系统，由大小不等、具有递进关系的一系列教学目标组合而成。它包括教学总目标、课程教学目标、单元教学目标、课时教学目标几个层次，各个下属目标都是其上位目标的具体化。人们追求的目标，总是有特定价值的目标，有特定价值的目标又总是诱发人们的追求。总之，追求价值是人们产生行为的内在动因。高校体育教学目标也一样，它必须有特定的价值，使人们通过选择教学内容、方法、手段等来实现这一价值。

（一）高校体育教学目标的发展过程

中华人民共和国成立 70 余年以来，我国高校体育教学目标从单一追求社会需要向追求社会需要与个体需要相结合的方向发展，可以通过 6 次体育教学大纲的修订看到这一趋势。1956 年我国第一套体育教学大纲明确规定体育教学的目标是"培养学生成为全面发展的社会主义的建设者和保卫者"。1960 年高校体育教材规定了体育教学的目标是"增强学生体质，并通过体育向学生进行

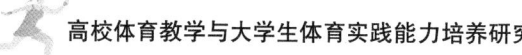

共产主义教育，使学生能更好地学习、参加生产劳动和准备保卫祖国"。1976年至 20 世纪 80 年代中期学校体育教学大纲规定体育教学目标是"增强学生体质，使之在德育、智育、体育几个方面都得到发展，成为有社会主义觉悟的有文化的劳动者"。1992 年高校体育教学大纲规定体育教学的目标是"全面锻炼学生身体，增进学生身心健康；掌握体育的基础知识、基本技能，提高学生的体育意识和能力，为终身体育奠定基础；培养学生良好的思想品德，陶冶学生情操"。2000 年体育与健康教学大纲规定体育教学的目标是"学校体育与健康教学以育人为宗旨，与德育、智育和美育相配合，促进青少年身心的全面发展，为培养社会主义的建设者和接班人奠定良好的基础"。2002 年高校体育教学大纲规定体育教学的目标是"使大学生掌握体育与健康的基本知识、运动技能和科学的健身方法；培养运动兴趣和爱好，形成终身体育的意识、习惯和能力；培养竞争意识、合作精神、坚强的意志品质和良好的体育道德，增强控制情绪和抗挫折能力；养成积极乐观的生活态度和健康的行为方式；培养关注和参与社会体育与健康事务的能力"。从以上所列举的目标来看，1992 年以前的体育教学目标要求学生增强体质，在德智体美几方面都得到发展，目的是为社会主义培养合格的建设人才，很明显，这一目标强调了社会需要，突出了体育教学的社会价值。1992 年以后，体育教学大纲对教学目标的表述发生了很大变化，突出特点是重视学生的身心发展，为学生的终身体育奠定基础，在教学中注重陶冶学生的情操等个体的需要，尤其是 2000 年的体育与健康教学大纲明确指出"以育人为宗旨"，更加明确了以学生为本的教学目标。从此，高校体育教学目标才实现了由单一追求社会价值向追求社会价值和个体价值相结合的方向发展。分析我国高校体育教学目标的发展轨迹可见，它与我国政治、经济、文化教育发展的时代要求相符合。这个全国统一规定的教学目标，以及为实现这个目标而建立的一套体育教学的基本体系，其主要特征是：教学目标的统一性；教学要求的整体性；教学内容的系统性；教学管理的纪律性。

（二）高校体育教学目标的发展特点

任何阶段的体育教学目标的规定、发展和变化都是与当时社会的政治、经济、文化的发展紧密相关的，都要服从、服务于社会的需要，遵循教育的发展规律；高校体育教学目标涵盖智育、德育、美育和体育各个方面的内容，具有统一性，从而建立了统一的教学体系；体育教学是实现体育目标中的增强体质，增进健康的基本途径之一，在任何阶段增强学生体质都是高校体育教学目标的首要目标。体育教学任务是体育教学目标的具体体现,高校体育教学目标要符合大学生的身心发展规律和社会发展的实际需要。

(三)高校体育教学目标的发展趋势

在倡导"以人为本""健康第一""终身体育"的教育观念的同时,高校体育教学目标也从单纯追求学生的外在技能学习转向面向全体学生的身心协调发展,打破传统的以运动技能传授为主线的教学体系,构建集学生的个体需要、体育能力、习惯的培养、健身娱乐、体育卫生健康知识传授于一体的新的教学体系。

首先,重视锻炼学生身体,增强学生体质,注重体育科学基础知识、体育运动和卫生保健基本知识和技能的传授;其次,在高校体育课教学中,重视学生终身体育态度意识和行为、能力的培养;最后,在高校体育课教学中,强调适应和发展学生的个性,注意培养学生对体育的兴趣和享受体育学习的乐趣。

(四)高校体育教学目标的价值取向

所谓价值取向,是人们价值思维和价值选择的方向性。体育教学目标的价值取向也就是在制定体育教学目标时对体育的价值思维和价值选择的方向性。体育教学目标是体育教学所要达到的目的,是一切体育教学活动的出发点,又是归宿,同时也是体育教学目标的价值得以实现的可能,高校体育教学目标的价值取向分为社会本位和学生本位两种。社会本位要求教学以社会为价值主体,满足社会需要,把学生培养成社会所需要的人。学生本位要求教学应满足学生个体的需要,教学应以学生的兴趣、需要为出发点,让学生自由地、自然地发展。

二、高校体育教学内容

(一)体育教学内容的概念

目前在我国体育教学内容的概念还没有一个统一的定义,体育教学内容的概念有如下三种:第一,体育教学内容是依据体育教学目标选择出来的,根据学生的发展需要和教学条件进行加工的,在体育教学环境下传授给学生的体育知识原理、运动技术和比赛方法等,体育教学内容与体育教材的意思基本相同。第二,体育教学内容是为实现体育教学目标而选用的体育卫生保健基本知识和各种运动动作。第三,体育教学内容指的是在体育教学活动中,传授给学生的体育与健康知识、技术技能,培养思想品德,发展智力、体力的总体系。作者认为，体育教学内容是针对体育教学目标而选择的有利于促进学生身体健康的各种体育理论与运动活动的总称。

（二）体育教学内容的改革

高校传统的体育教学内容与中小学雷同，多而杂，重点不突出，无针对性，缺乏培养学生从事体育活动的兴趣、爱好、习惯以及独立进行身体锻炼的能力。体育课教学中，轻视理论知识教学的现象非常严重，体育人文、体育锻炼等有关科学知识的传授，缺乏针对性、时效性和长远性，学生对自己的体育实践往往没有深刻认识，因此难以在课后自觉锻炼。高校体育与社会体育断层，缺乏连续性和统一性，教材缺乏终身受益的内容，使不少大学生大学毕业后，体育活动也就终结了。因此作者认为，对体育教学内容应从以下几个方面进行改革。

1. 健身性

健身是体育的本质功能，也是体育教育追求的最根本的目标。尤其是面临着学生体质、体能下降的现状，更应选择健身强体的体育内容，例如，在每一次体育课中都加入素质锻炼的内容。

2. 教育性

教育性指选择的内容蕴含丰富的教育因素，对学生的体育意识、体育行为、道德品质、人格完善能产生深刻的影响，例如，教师穿插在课堂中，寻找恰当的时机讲解课程的理论意义和实际意义。

3. 针对性

针对不同的教育对象，采取不同的措施，不可千篇一律，多鼓励，充分调动学生的参与意识。

4. 娱乐性

娱乐性即选择的体育项目具有趣味性、游戏性与新颖性，对放松身心、消除疲劳、调节情绪、改善心态、丰富生活具有积极作用，如攀岩、定向越野等。

三、高校体育教学方法

长期以来，我国的高校体育教学，一直以技术教学、技能教学、体能培养为主导思想，以运动成绩为主要要求，生物体育、体能体育成为高校体育建设的目标，因而注重运动教育、技能教育、体能教育，注重教学的形式、结构、内容、方法、手段、要求、考核、评价等的统一性与标准化。在中华人民共和国成立初期和社会经济大发展初期，这种体育教学适应国家建设所赋予高校体育的目标和要求，促进了体育的发展，具有积极的意义。当前国家经济转型，世界文化交流激增，旧体育思想和观念的局限性与片面性日益突出。高校体育教学如何与整个高等教育发展相协调，如何适应转型期体育建设的主题，如何适应人才培养的新模式，是我们在21世纪能否从根本上改变现状、摆脱桎梏、创新高校体育发展模式的关键，也是能否在新形势下全面展示体育育人功能的关键。结合高校体育实际，从教学方法入手，慎思素质教育及"健康第一"对体育教学提出的本质要求，以实践研究为基础，改革传统教学方法中不符合时代要求的内容。重新审视高校体育教学的教育本质，强调教师的导学与导练，让学生通过高校体育的教育具备自学自练的体育能力，以此推进高校体育教学"课内外一体化"整体性改革进程，从而使高校体育适应时代发展的要求。

（一）当前高校体育教学方法存在的主要问题

1. 教学方法单一

当前，部分高校体育教师由于受过去传统落后的教育思想观念的影响和制约，在开展高校体育教学活动时，往往存在教学方法比较单一的问题。在教学活动过程中，一些高校体育教师仍然停留在以传授体育技术为主要教育目的的方法上，一般表现为继承讲解、示范、练习等传统落后的教学方法，教学效果可想而知。必须进一步转变教育思想观念，继承和发扬传统体育教育的长处，不断创新高校体育教学的方式方法，更好地为开展高校体育教学服务，促进学生身心的全面健康发展。

2. 传统教学思想严重影响高校体育教学方法的革新

传统的体育教学是教育者有目的、有计划、有组织地对受教育者施加各方面的影响，以期改变受教育者的心理和生理状况，使教育者达到预期教育目的的活动。这种传统的体育教学观念往往只注重强调教育者的主体作用，而忽视了受教育者的主观能动性的发挥。在推行素质教育和创新教育的今天，传统教学方法已经严重阻碍了体育教学改革的发展。在传统的教学思想的禁锢下，学生在体育教学活动中一直处于被动、消极、受压制的地位，许多学生对体育课产生了消极情绪。因此，应改革高校体育教学方法，使学生在课内与课外一样生气勃勃、积极主动。

3. 忽视学生主体作用的发挥

教学以教师、课堂、教材为中心，强调严密组织、严格纪律，重视教师"主导"的作用,但在真正的学习过程中,学生是主体,教学的主要目的是让学生通过教学有所收获,所有教学方法与形式的选择应该为这个目标而服务,所以在尊重教师作为掌握整个教学进程的主体的同时,更要尊重学习主体,学习主体的实际需要与个体差异是教师教学的依据,只有这样,才能使教学有章可循。

(二)高校体育教学方法改革的目的

众所周知,在高校体育改革中教学改革是重点。改革体育教学方法,加强对学生获取知识的能力和创新精神的培养,是深化体育教学改革的重要内容,对提高办学效益,保证体育教学质量的提高,具有重要的现实意义。1982年8月,邓小平同志在视察北京景山学校时指出:"教育要面向现代化,面向世界,面向未来。"这深刻地阐明了我国社会主义教育的战略目标。当前,从整体上看,从社会发展的观点来看,高等体育教育面临的将是信息化的社会和知识经济的社会,国力的强弱越来越取决于劳动者的素质,取决于各类人才的数量和质量,这对培养和造就我国社会主义建设急需的一代新人提出了更迫切的要求。体育教学方法改革的目的在于适应时代发展的需要。改革的目标是培养有知识、有能力、社会认可程度高、全面发展的人才。

(三)高校体育教学方法改革的措施

1. 更新教育思想和教育观念

深入开展体育教学方法的改革,必须进一步更新教育思想和教育观念。高等学校体育教育必须树立全面加强素质教育、增强质量意识等现代教育思想和教育理念,充分认识体育教学方法改革在整个教育教学改革中的地位和作用。把以教师为中心、以课本为中心的传统教学观念转变为以学生为中心、以学习为中心的现代教学理念;把重知识传授、轻能力培养的观念转变为既传授知识,又重视能力的培养,更重视素质教育的观念。在提高认识、转变观念的基础上,使体育教学方法的改革不断深入。

2. 创新教学模式

创建以学生为主体的新型教学方法是当前高校教学改革的主要目标之一,是改变传统的教学模式,建构一种既能发挥教师的主导作用又能充分体现学生的认知主体作用的新型教学模式。在这种新的教学模式下,教师是教学活动的指导者和组织者;学生是知识的主动发现者和探究者;教学过程以学生的意义构建为核心,通过创设教学情境、师生之间、学生之间的讨论、协作,与理论紧密结合的实践,使学生发现知识、理解知识,并通过意义构建形成自己的知识结构。新型体育教学模式就是在先进的体育教学思想和教学理论的指导下建立起来的适应各种类型教学活动的基本结构和框架。这些新的教学模式的出现，有的趋向于各种模式的综合运用，有的趋向于师生关系的建立，有的趋向于教学内容，有的趋向于技能学习与学生心理发展。实现学生从被动学习到主动学习，从生理改造到终身体育意识的培养，从能够学习到学习水平的提高，都是新的教学模式下教学方法的创新成果。

3. 改革体育教学的内容

体育教学内容是指为实现体育教学目标而选用的体育卫生保健基本知识和各种运动动作，它是实现体育教学目标的根本保证。方法是内容的运动形式，体育教学方法依靠体育教学内容而存在，它的选择和运用受体育教学内容的制约。首先，体育教学内容的形态制约着体育教学方法的选择。其次，体育教学内容的复杂程度制约着体育教学方法的选择。在一定的教学条件下，体育教学内容过多，会造成体育教学方法的单一性，而将教学内容减少或压缩一些，就会促进体育教学方法选择的多样化。所以在体育教学过程中，教师只有独立地对体育教学内容进行重新加工，真正掌握其特点，并把它们转化为自己的知识体系，才能在体育教学方法上获得选择与创新的自主权。

4. 重课堂，优化教、学、练

体育教学方法的优化，不仅在于体育教师"教"的优化，还包括学生"学""练"的优化。教学家陶行知先生认为，"好的先生不是教书，不是教学生，乃是教学生学"，"教"应该着眼于学生的学和练，优化教育教学过程应该突出学练法的研究。所谓体育教法是教师依据体育教学目标，根据体育教学内容，向学生发送信息，传授体育知识、技术、技能的方式方法；而学法就是学习体育的基本规律、基本方法。因此，优化教育教学方法应该从两个层面入手：第一，要通过体育教学方法的优化使学生"要学"。第二，要通过体育教学方法的优化使学生"会学"。体育教学过程中教师既要注意学习认识规律、身心发展规律、运用技能形成规律的渗透，又要及时对学练方法加以优化，努力改进教学，以促使学生掌握和运用学练法。一切教法都要力求使学生会看、会做、会说、会练等。当教师的教学方法着眼于学生的学与练，引导学生达到先"要学"，继而"会学"的境界时，"外因通过内因起作用"，学生产生了兴趣，掌握了练法，体育教学的实施才能产生预期的效果。

5. 积极培养学生的创新意识

积极培养学生的创新意识，是创新高校体育教学方法的重要策略之一。首先，要创新思想认识。坚持发展娱乐体育与健身体育的有机结合，这是转变高校体育教育思想观念的具体体现，更是当前高校体育教学的根本任务。其次，要创新教学内容。教师应结合实际选择一些符合学生身心健康发展的、深受学生喜爱的体育项目开展具体教学活动。这样，就可以切实弥补高校体育教学内容枯燥乏味的不足。最后，要创新教学方法。教师可以结合学生的需要，采用启发式教学方式引导学生自己动脑思考和动手解决问题，进而不断激发和调动学生的积极主动性。可以运用发现式教学方法，不断提高学生发现问题、思考问题、分析问题的能力。也可以运用学导教学方法，促使学生积极自主地进行学习，从而培养学生的自觉性、主动性，使学生养成自我锻炼、终身锻炼的行为与习惯。

6. 把握体育教学方法的整体性

体育教学方法的优化，不能局限于就教学方法来研究教学方法，而应系统考虑构成体育教学方法体系的各种因素以及它们之间的内在联系。首先，要把体育教学方法作为整个体育教学系统中一个重要因素，在体育教学过程诸要素之间考察其作用与效果。事实上，体育教学方法总是和具体的教学内容相联系并与一定的组织形式相结合的。其次，要把具体的方法作为一个要素来研究，力求各要素的最佳组合。实现体育教学过程最优化，并不是将传统的体育教学方法摒弃，而是在提高质量的同时，使它们在具体的教学情境中实现最佳的组合。体育教学的特点决定了体育教学方法的多样性，它们各自的优劣只是一个相对的概念，所谓"好的教学方法"，实为"最适当的教学方法"，是相对具体的目标而言的。如"手把手"的方式教学用来使学生体会某些技术要领，获得"运动感受性体验"是行之有效的，但并不适用于所有技术。现代化的直观教具如电影、电视、幻灯等的运用大大丰富了直观教学手段，但也在一定程度上影响着学生抽象思维的发展。可见各种教学方法都有其优越性和局限性。要根据各种教学方法的相互联系和辩证关系取长补短，发挥体育教学方法本身的整体综合效应。现代信息技术在体育教学中的应用，不仅为教师提供了新的教学方法，同时也为教师和学生营造了很好的交流平台，让教学更自然地延伸和发挥其应有的效果。根据具体情况认真研究课程建设、改革教学方法，从而创造一个现代化的教学环境是现代教育改革的必然要求。

四、高校体育教学评价

体育教学评价具有对体育教学活动及其效果进行判断，通过信息反馈调控教学过程，保证教学活动朝向和完成预定目标的功能。目前，高校体育课程的改革已成为高校体育教师讨论的热点问题。其中，注重让学生体验运动乐趣和发展学生主动性的体育教学模式，正在被许多高校推广。但是，由于教学评价在我国起步较晚，不论是理论研究还是实践操作，都还处在一个不断发展的时期，作为教学评价的一个分支，体育教学评价工作开始更晚，许多方面还处在探索之中。由于与新的体育教学模式相配套的体育教学评价体系还没有及时推出，仍采用旧的体育教学评价体系评价新的体育教学模式，所以，推出新的高校体育教学评价体系是当前急需解决的问题。

（一）传统体育教学评价分析

传统的体育教学评价方法，利用运动项目测试的成绩给学生评分，这种方法是描述学生的个体水平及其在群体中所处的位置，对学生排名次，不能客观地反映学生学习的前后变化，作为体育教学效果评价不够合理。

1. 体育教学目标认识的误区影响着体育教学评价的方向

体育教学目标影响着体育教学评价的方向。关于体育教学目标的确立，一直存在着不同的观点，在学校体育目标与体育教学目标的异同上，在体育教学中增强体质与提高健康水平的互相联系上，在提高运动技能水平与掌握锻炼身体的方法上，在提高运动技术技能与掌握手段的互相关系上，在对终身体育意识和体育能力的认识上，甚至在教师主导作用上都存在一些误区。由于体育教学目标的内涵不明确，层次模糊，导致课堂教学任务的确定、教学内容的选择、教学方法的应用都受到影响。这种体育教学目标认识的不一致，必然会在教学评价体系的具体指标中反映出来，并对体育教学评价的方向产生影响。

2. 注重评价指标的量化导致评价结果的片面

注重量化，强调可操作性、可比性，是体育教学评价的一种倾向。人们认为量化的东西比较客观，便于操作，其结果的可比性也很强，因此热衷于进行定量分析，忽略了对评价目的和评价理论的深入研究和认真分析，这种片面性主要表现为评价指标体系总是以能直接量化的因素为主体，如学生的技评与达标成绩，学生的达标比例，上课时学生的运动强度、运动量曲线等，然后对不易量化的教学行为采取分级量化的形式，对优秀、良好、及格、达标、不达标等级给予相应的分数，而那些在体育教学中很有意义，但很难量化的因素却被忽略了，如学生正确的体育态度的形成、情感意识的发展、终身体育意识的树立、体育能力的自我超越等，都是体育教学目标的重要因素，应该作为体育教学评价的重要内容，但大多在评价体系中没有体现。显然，这样的指标评价体系是不完整的，其评价结果是片面的。

3. 结果的功利性影响评价结论的客观性

运用客观标准对体育教学进行测查，并通过认真分析和评判，得出结论，然后进行信息反馈，以进一步改善教学，这是体育教学的出发点和落脚点。教师自己主动评价时，这种指导思想容易得到体现，一旦评价的结果和教师评优、晋职等联系起来，就会蒙上功利性色彩，得出的评价结论往往会变得复杂起来，评价者可能就会考虑各种与评价无关的因素，只肯定成绩，对改进教学的意见却闪烁其词，避而不谈，使评价结论失去了公正性，不能客观地反映评价的真实情况，体育教学评价就失去了它应有的价值。

（二）高校新的体育教学评价与传统体育教学评价的区别

1. 评价指标的作用不同

传统体育教学评价的作用在于了解学生对总量掌握了多少，而新体育教学评价除了具有传统体育教学评价的功能外，还包含学生完成目标的情况。

2. 评价对象的影响范围不同

传统体育教学评价对部分学生的影响是消极的，有的学生"不努力都行"，但有的学生"怎么努力都不行"，而新体育教学评价要求所有学生都要确立目标，影响范围广，是积极的"只要努力就行"。

3. 由终结评价向过程评价转化

传统体育教学评价定位于教学内容结束时的最后评分，而新体育教学评价考虑的是起始目标到终极目标的变化程度，是过程目标和终极目标的结合。

（1）评价从重结果向重过程转化

目标评价的目的是通过评价教学过程，从而起到督促和鼓励学生学习，修正和改进教师教学方案的作用，发挥反馈的功能。

（2）评价内容从单一向多元转化

影响体育教学评价的因素是多方面的，它是对学生学习效果的多因素评价。

（3）评价方法从定量向定量与定性相结合转化

体育教学评价包含学生的情感态度等非智力和非体力因素的结合，定性分析纳入评价的内容，量化指标的重要性相对降低。

（三）新的体育教学模式与传统体育教学评价标准间存在的问题以及解决的办法

1. 主要问题

新的体育教学模式与传统体育教学评价标准间存在的主要问题，将会导致学生所学的项目与所考的项目不一致，致使学生不重视学习过程，从而挫伤了学生的学习积极性和主动性。

2. 解决方法

（1）给学生一个较大的选择空间

不论学生在每学期当中选择什么专项，除了进行专项内容的考试外，还应对几个规定的项目进行考试，他们就会自觉地去练习要考试的项目。这样可促使学生养成自觉锻炼的好习惯，从而为学生从事终身体育锻炼打下良好的基础。

（2）给体育教师一个较大的评价空间

每个学生在体育基础、体质等方面都存在差异，体育教师在上课时要摸清每个学生的情况，对学生评价因人而异，根据他们上课的态度、进步情况、成绩差异等进行综合评价。从另一个角度说，体育教师得到了一个宽松的上课环境，可以对那些少数认为自己体育成绩可以轻松过关而又不好好上课的学生，给予适当的减分，而对那些体育基础虽然较差，但认真上课的学生，给予适当加分，这样对学生的评价就比较合理和公平。

（3）给学生自我客观评价的机会

我国现行的教学评价都是由教师完成的，体育学科应该尝试学生自我评价的形式，让学生自己做一个较全面的回顾，然后对自己的体育学习进行小结，这样对改变学生今后的体育学习态度和提升学习热情十分有利。当然，在学生自我评价前，教师首先要向学生强调自我评价的客观性，如果发现学生的自我评价有较大的水分，体育教师就要参与其中，帮助学生端正态度，给自己一个客观的体育自我评价。

（4）引导学生互评

教师对学生的了解，不如学生之间的了解。采用学生互评方式，可使评价的真实性更高，同时，学生互评能够避免学生自我评价的较大水分。因此，将学生互评与学生自我评价、教师评价结合起来，对学生的学习评价更客观、更全面、更立体。

（5）引入相对评价

教育部2002年颁布的《全国普通高等学校体育课程教学指导纲要》规定，

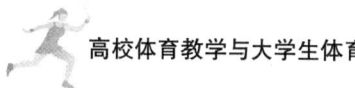

要把"学生的进步幅度纳入评价内容"。如学生在此学期开学时的体育成绩较差,经过一段时间的努力后,成绩有了很大的进步,但仍未达到现行的体育评价标准中的合格标准,这时体育教师就可以根据相对评价的原则对这部分学生进行正确的评价。

(6)扩大评价的标准区间

我国现行的体育教学评价标准把分值划分得很细,这样容易使学生只注重体育评价的结果,而不注重体育锻炼的过程,使学生产生急功近利的思想。在国外一些著名高校的教育体系中,所有的学科成绩评价均采用A、B、C、D、E5个档次。作者认为,可以将这种方法借鉴到我国的体育教学评价中来,把国外的这个标准换算成我国的百分制,20分一个等级,进行教学评价时可以采用这样的分级制度,把学生引导到注重体育锻炼的过程中来。

第三节 高校体育教学环境的构成与设计

一、高校体育教学环境的构成

(一)高校体育教学环境的物质环境

高校体育物质环境是指体育场馆、体育器材等。良好的物质环境是保证高校体育教学和体育活动顺利开展的重要物质条件,是实现体育教学目标、提高学生健康水平的重要物质支持。高校漂亮、宏伟、造型各异的体育场馆,是激发学生体育兴趣,使其参与锻炼的动力之一。

(二)高校体育教学环境的制度环境

制度是约束和强化实践活动的组织内容,高校的体育制度是保证学生锻炼时间、提升体育开展约束力的重要内容。当前高校的体育制度主要指学校体育工作条例等,各个学校制定适合学校体育活动开展的制度,也是保证体育教学顺利开展的重要依据。灵活、严谨的制度环境是提升高校体育环境建设质量的重要保证。

(三)高校体育教学环境的舆论环境

良好的体育舆论导向能有效地发挥体育先进人物、先进事迹的激励作用,提高大学生从事体育锻炼的积极性,在更高的层次上,提高大学生对体育的认识，促进体育习惯的养成，激发参与体育锻炼的动力等。体育舆论环境是实现大学生从被动接受体育转变成主动参与锻炼的条件。

（四）高校体育教学环境的心理环境

高校体育教学的心理环境是体育教学中无形的、动态的软环境部分，主要包括班风与校风、学校体育的传统与风气、体育课堂常规、体育教学中的人际关系等。体育教学中的人际关系主要是体育教师与学生的关系和学生与学生的关系。

二、高校体育教学环境的设计

高校体育教学环境对体育教学活动至关重要，高校体育教学环境在高校体育教学活动中处于至关重要的地位。良好的高校体育教学环境对体育教学活动具有积极的影响，这种积极的影响会作用于体育教学目标的完成、教学内容的丰富、教学原则的落实和教学评价的完善。

（一）高校体育教学环境的现状

高校体育教学环境的现状并不理想。一方面是领导不重视，另一方面来自部分高校自身物质环境的劣势。许多学校没有体育馆、游泳馆，部分学校体育设施不健全，还有部分学校没有良好的体育传统，学校不重视体育场地的建设和维护。另外，很多高校教师和学生的人际关系紧张，一半以上的学生觉得本校体育场地的布局不合理。有体育馆的部分学校，对体育馆的建设和维护也存在多种弊端。总之，目前高校的体育教学环境不符合学生和社会的要求和期望，高校体育教学环境急需设计和优化。

（二）高校体育教学环境设计的原则

1. 教育性原则

高校是一个特殊的环境体，高校的作用在于净化身心，启迪知识。因此对高校体育教学环境的设计和优化要遵循教育性原则，要有利于调动学生的体育思维，有利于激发学生的体育动机，有利于陶冶学生的体育情操。

2. 科学性原则

体育教学环境的设计与优化要从体育教学目标、体育教学内容的实际和特点出发，尽可能满足体育教学活动的各种需要；体育教学环境的设计与优化要符合学校美学、生态美学、建筑美学等基本要求。

3. 系统性原则

构建高校体育教学环境是促进教育优质化实施的措施之一，是高校体育部门的任务，也是高校多个部门相互支持的结果。从系统观的角度出发构建体育环境：第一，提升环境的系统意识，以发展高等教育为目标，做好高校体育环境建设的资源开发和共享。第二，提升高校体育制度的有效性和适用性。第三，加强高校体育舆论宣传，调动学生参与体育锻炼的积极性，更好地带动高校体育环境氛围的营造。

4. 区别对待原则

体育教学环境的设计与优化要考虑不同年龄、不同性别、不同身体素质的学生身心发展的基本规律，要照顾大多数学生的需要，另外要特别关注部分特殊群体的需求和个性发展需要。

5. 人文性原则

所谓人文性原则是指体育教学环境的设计与优化要始终以学生为本。各种体育教学物质环境的设计不仅要体现对学生的人文关怀，考虑到学生的生命安全、卫生等，还要营造出和谐的、充满人性的、民主平等的氛围。

6. 实用性原则

所谓实用性是指体育教学环境的设计与优化，要根据各个高校的实际情况和实际经济条件进行，要符合经济、高效、实用的宗旨。注重体育教学物质环境的因地制宜以及高校体育教学心理环境的独具特色，形成各个高校的特色。

（三）高校体育教学环境设计的实施策略

1. 以学生发展为主，增强环境对兴趣的激发效果

要充分利用高校体育课程的开展，扩大高校体育环境的使用和改进空间，充分保证体育环境的建设进程。通过认真组织和实施体育教学，保证学生掌握体育技能的有效性，不断提升学生的体育意识和体育观念。首先，充分借助高校的文化优势，加强对新兴运动项目、新生体育明星的宣传，更好地激发大学生参与运动的激情，保证体育环境创新特点的延续。其次，不断增强体育学习内容的新颖性和适用性，在促进学生体育技能、体育意识发展方面，营造体育教学的环境氛围。

2. 加强高校体育制度环境的创设，提升高校体育教学的规范性

在高校体育环境创建的过程中，要在遵守学校体育工作条例的基础上，设

计适合高校体育环境形成的考核办法，加强对大学生运动会、课外社团、竞技比赛等管理制度的规范，从场地场馆使用制度，到运动员选拔制度，都设计一个良性的运作过程，从而提升制度环境创建的有效性。

3. 创建适合高校学生身心发展的体育环境

高校学生在接受体育教育的过程中，身体素质得到了一定的发展，如果对一些所谓的"优秀课程"不假思索地照搬，就很有可能造成学生对体育课的敷衍了事。因此，只有选择合适的体育教学内容，创建适合高校学生身心发展的体育环境，才能使学生真正爱上体育课。

4. 充分利用高校的体育教学物质环境

充分利用学校已有的各种有利的环境条件，创设具有特色的学校体育教学环境。在高校体育教学环境的设计与优化中，各个高校要充分挖掘、精心设计、开创和突出本校的体育教学特色，合理地变通，将不利的体育教学环境转化为有利的体育教学环境。

5. 加强体育课堂教学管理，营造宽松、和谐、民主的体育课堂氛围

强化课堂的教学管理，同时发挥骨干的作用，帮助学生进行自我管理，提高学生在体育教学活动中的自我约束能力。培养学生主动参与体育学习的态度和习惯，让学生主动参与到体育教学活动中，注重课堂教学活动中的人际情感交流，形成教师与学生互相激励、互相鼓舞的良好情感氛围。

第四节 高校体育教学模式的发展趋势研究

学校体育是国民体育的战略重点，这是我国体育理论界早已达成的共识。高校体育是学校体育的最后一环，与社会体育紧密相连，其教育效果与整体发展水平对我国正在实施的全民健身计划具有举足轻重的作用，因此，应站在历史的高度，以战略的眼光来认识高校体育教育改革的重要性和迫切性。教育改革应以教学改革为核心，而教学改革的核心则是课程设置和教学内容的选择。作者在本节将高校体育的目的和任务定位于健康教育与终身体育意识的培养和发展上，并以此为基点，力图构建一个理论依据充分、实效性和可操作性较强的高校体育教学课程模式，并对这一课程模式的整体运行机制进行初步探讨。

教学模式是按照一定原理设计的一种具有相应结构和功能的教学活动组合或策略，它既是教育系统和教学过程的具体化和实践化，又是教学形式和教学方法的综合载体。

一、构建高校体育教学新模式的对策分析

（一）构建普通高校体育教学新模式的分析

一个完整的体育教学模式包括教学思想、教学目标、教学结构和教学方法等内容，因此改革体育教学模式，实质上就是对体育教学过程的重新整合，其结构是否合理主要看教学的组织形式和方法是否适应学生的需要，是否能最大限度地实现教学目标。目前普通高校体育教学模式存在以下弊端：一方面众多体育教学思想涌入体育课堂；另一方面高校体育为体现有别于传统的教学思想，在教学中尽可能多地接纳，造成体育教学主题分散、华而不实、负担过重。目前高校广泛采用的以班为群体的形式，虽然整齐划一，秩序井然，便于教学管理，但不易于对大学生的个体差异、兴趣爱好、掌握技术的能力等进行卓有成效的培养，这显然不利于教学目标的实现。

（二）构建高校体育教学新模式的对策

①明确高校体育教学应遵循和坚持的指导思想。

②依据指导思想，改革体育教学内容与教材。

③改革体育教学班的组成方式，让学生在不同的学段选择参加不同项目组合的教学班。

④改进教学方法，目前，应着重研究如何根据多样化的课程内容和针对不同的教学对象采用有效的教学方法。

二、顺应素质教育要求，构建新的高校体育教学模式

新的教学模式越来越重视发展能力，重视学生的主体地位，各种教学模式互相借鉴，共同发展。要充分发挥教学模式的作用，优化教学结构，必须树立正确的体育教学观念。

（一）树立全面育人的体育教学观念

高校体育教学应从培养跨世纪的德、智、体全面发展的高素质人才出发，给予大学生全方位的教育，即体育教育、健康教育、竞技教育、生活教育和娱乐教育等。

（二）树立主动体育的体育教学观念

在体育教学中，既要充分发挥教师的主导作用，又要注意发挥学生的主体作用，努力调动学生学习体育知识和锻炼身体的主动性和积极性，激发学生对

体育的兴趣，让学生主动地、自觉地体验体育学习的乐趣，从而促进学生身心健康发展，培养学生终身从事体育锻炼的习惯。

（三）树立三维综合评价的体育教学观念

在评价体育教学效果时，不能仅以提高生理机能为标准，追求生物学改造的效果，而应该从生物、心理和社会三维的角度来综合评价体育教学的效果。三维体育的教学观，反映了体育教学是一个多功能、多目标的动态系统，它通过大量的体育教学实践取得效果。

三、新的体育教学模式的设计

（一）第一学年：基础课

以全面锻炼和提高身体素质为主，通过体育基础知识的传授和基本技能的培养来实现高校体育教学的目标。可根据具体的场地器材等条件，充分发挥教师的主导作用和能动作用，使学生的身体素质和身体技能得到全面发展，为参加第二学年的体育活动打下基础。考核时，以全面的素质指标和技能指标为主。

（二）第二学年：选项课

根据学校场地、器材和师资等情况，按项目开设若干个选修班，由学生根据自己的特长和兴趣，选择项目和教师。在具体的实施过程中，每个项目根据学生掌握技术的情况可分为初、中、高级班，既可满足学生初选，又可满足再选。体育特长生可根据项目编入高级班。考核时，以技能指标为主，结合一定比例的素质指标。

（三）第三、四学年：俱乐部协会制

俱乐部教学模式使高校体育与社会体育接轨，它在树立学生的终身体育思想和培养终身体育习惯方面的作用是其他教学模式难以替代的。这不仅有利于提高大学生的体育意识，培养经常锻炼身体的习惯，还有利于把大学生的体育教学过程延伸到高等教育的全过程，保持体育教学与课外活动的统一性和连贯性。

四、新的体育教学模式构建的依据

（一）新时期对传统体育教学模式变革的需要

新的《全国普通高等学校体育课程教学指导纲要》要求"把健康第一的指导思想作为确定教学内容的基本出发点，同时重视教学内容的体育文化含量"。面对新时期社会、经济、文化的快速发展，学生在学校所学的知识很可能在离校不久后便过时了。因此体育教学应该使学生了解终身学习的重要性，培养学生终身学习的习惯和技能，使其走向社会后，能够成为终身学习的实践者。

（二）新时期对高校体育教学改革的要求

高校体育教学改革必须做到：体育的终身化、体育的民主化、体育的多样化和体育的个性化。体育的终身化就是打破学校体育原有的空间和时间限制，把体育扩展到社会和人生的每个阶段。体育的民主化就是打破不平等、不民主，改变以教师为中心，学生被动服从的教学关系。体育的多样化就是在体育教学中采取多种教学方法，提倡师生之间、学生与学生之间的多边互动活动，努力提高学生参与的积极性，最大限度地发挥学生的创造性。体育的个性化就是在体育教学中每个学生所显示的不同的运动本能、素质、价值取向、集体荣誉等。

（三）新时期为高校体育改革提供了条件

高校体育自改革开放以来取得了令人瞩目的成就，集中体现为四大优势：一是人才优势；二是信息优势；三是物资优势；四是地位优势。这四大优势说明，高校体育教学模式的改革具有坚实的基础。

（四）高校学生对体育教学模式的选择需要

作者曾对湖北经济学院、武汉大学、华中科技大学、武汉工程大学、湖北大学等院校 750 名学生就"你喜欢的体育教学模式"进行问卷调查。结果选择以全面发展身体素质为主的"基础课"的有 37 人，占 4.9%；选择与社会接轨的"俱乐部"协会制的有 156 人，占 20.8%；选择以兴趣爱好为主、能够自由选择教师的"选项课"的有 185 人，占 24.7%；选择一年级"基础课"，二年级"选项课"，三、四年级"俱乐部"协会制的有 372 人，占 49.6%。调查结果表明，第一学年"基础课"，第二学年"选项课"，第三、四学年"俱乐部"协会制是最受高校学生喜爱的教学模式。

五、高校体育教学模式的发展趋势

体育教学模式是体育教学活动赖以开展的必要条件，但体育教学模式并不是一成不变的，必须明确是由内容决定形式，而绝不是由形式决定内容。

（一）体育教学模式的开放化

目前，全国各大高校体育课教学模式不尽相同，各校根据校情会采用不同的适合自己的体育课教学模式，大的改革方向还是一致的，都是朝开放式的、更加符合当代大学生心理和生理特点的方向进行。开放式体育教学模式是今后的一个发展趋势，特别是随着社会的发展和进步，电子产业和信息技术的迅猛发展并直接介入体育教学活动，使输送信息的手段更加灵活和开放。

未来的高校体育将采用多种方法、多种形式来满足学生的不同体育要求，向社会开放，向国际开放，体育课堂也将扩展到社会，扩展到大自然。

（二）体育教学模式的多元化

随着学校教学由"应试教育"向素质教育的转轨，高校体育应从学校的"阶段体育"向"终身体育"转变，从片面的生物学评价或运动技术评价向综合性评价转变。体育价值观从单一的健身向健身、健心、娱乐等多元价值观改变，单一的体育教学模式无法满足多元的体育教学目标的需要，因此要从单一的教学模式向复合式的、具有现代性和科学性的教学模式转变，此外，多种教学模式相互渗透、互相依存将是未来高校体育教学模式的发展趋势。

第五节　高校体育教学现状的分析和创新设想

一、高校体育教学现状的分析

（一）忽视体育理论的科学传授

当前高校的体育理论教材不仅比重偏小，而且内容粗糙，缺乏实效性、针对性和长远性，实用价值不高，未形成一个适应现代发展的大学生体育理论知识体系及相应的教育检查和评定措施。学生对自己的体育技术技能知其然而不知其所以然，不清楚自己是否需要这些练习，故而难以在课后自觉进行锻炼。

（二）体育教学目标狭窄

高校体育与社会体育断层，缺乏连续性和统一性。两者之间尚未开辟出教育通道，高校体育教学过分注重学生的现实锻炼，盲目追求体育教育的近期达标效益，片面地将增强学生体质的教育目标归结为增强在校期间学生的体质，缺乏培养学生从事体育活动的兴趣爱好、终身参加体育锻炼的习惯和独立进行身体锻炼的能力。

（三）教材杂乱不精

教材的选择过多地从运动技术角度考虑，过多地强调以运动技能为中心的教学，偏重运动外在表现形式，多数活动项目缺乏终身受益内容，远远不能适应大学生成年后的运动要求。由于缺乏一定的终身健身运动项目，不少大学生从学校毕业后体育生活也随即停止。一个大学生接受了十几年的体育教育，在其走上工作岗位后，竟与体育分别，这与体育教学忽视培养学生的健身意识、能力和习惯有直接关系。

上述情况说明，在高校体育教学中盲目地把运动技术传授抬到至高无上的地位，忽视学生身心发展的特点和个体差异，把许多难度高、技术复杂的竞技运动项目原封不动地搬到高校体育教学中来，并统一教学要求与考核标准，而采用的教学方法与教学步骤又是专业院校专项教学方法的浓缩，会使学生望而生畏，难以掌握技术，从而产生厌学情绪。

二、创新高校体育教学的设想

（一）树立科学的教学观念

明确高校体育教学在当前形势下的重要职责，坚定地树立科学的体育教学观念。

①体育教学是培养新型人才必不可少的教育环节，高校育人的目标不仅是向学生传授科学文化知识，更需要注重的是学生德、智、体综合素质的培养。

②着眼于未来新时代的新要求，以终身体育锻炼取代传统的课堂体育教学观念，着重培养学生的终身健身理念。

（二）加强基础理论知识学习

高校学生应不断提高认识与学识修养，应具备不断发展的能力以适应新变化，应具有从缺憾向完美阶段前进的潜能。因此在设置体育课程的具体内容时，应增加运动原理、强健体质以及人体、物理力学等理论知识，并且要具有突出性、实效性、指导性、针对性与时代性，使学生能够在体育教学中受益。

（三）加大硬件设施建设与师资力量投入力度

体育场馆、运动器械与师资队伍是培养高素质学生的必备条件，改善场馆设施是提高高校体育工作水平的当务之急。制约高校人才培养和高校体育改革的又一重要因素是学校师资队伍的质量，由于当前知识更新速度快，交叉学科和边缘学科发展迅速，所以只有适应高速发展的高素质教师才能培养出高素质的学生。因此，应该加强教师之间的学术交流，定期选派教师到先进学校进行学习，以提高教师教学的水平与能力，并鼓励体育教师积极参与相关的科研活动。

（四）将"终身化"作为高校体育教学的宗旨

社会的发展需要终身化体育，同时终身化体育也是人们工作、生活的基础性需要。从高校体育教学的实际情况以及全民身体素质的实际情况出发，增加体育课时，延长体育教学年限势在必行。在大学体育教育阶段进行全程体育课程教学，并贯穿四年大学教育的全过程，以提高学生主动健身的意识，使学生认识到终身健身锻炼的重要性，从而保证学生在毕业后依然能够熟练运用两种以上的锻炼方法和手段，真正实现体育锻炼终身化。

第六节　高校体育教学改革的研究

伴随着我国改革开放的脚步，高校体育课程教学走过了40余年的风雨历程。站在科学发展观的角度，回顾改革的历史，探讨改革的得失，分析目前的状况，寻求发展的策略，无论是对高校体育课程理论体系的建设，还是对推进教学改革实践的深化，都具有积极的意义。

一、高校体育教学中普遍存在的问题

（一）教学目标理论与实践不完全一致

现行的高校体育课程教学目标涵盖"运动参与""运动技能""身体健康""心理健康""社会适应"五个领域的内容。从理论上看，它充分关注了学生的健康成长和人的全面发展，体现了"以人为本"的时代理念。但在实际操作中，由于教学内容、教学组织形式、学生个体水平不同，要通过有限的教学时间（144学时）完成五个领域的教学任务是极其困难的。加之近年来我国高等教育规模

急剧扩张，给大多数学校带来了教师资源不足、体育场地设施短缺等问题，要全面完成教学目标事实上几乎不可能。

（二）教学效果测量与评价不科学

教学效果测量方法与评价标准的改革步履维艰，至今仍未走出"生物体育"的怪圈。测量与评价课堂教学效果的通行方法是监控学生的心率变化，无论什么类型的体育课，也不管课的教学内容、教学任务是什么，无一例外地通过"摸脉"获取学生心率的变化情况，由此推断其生理负荷，进而评价教学效果。至于教学目标中的运动参与态度、知识技能掌握、心理品质培养等方面的指标，或是因为课时计划（教案）中原本就没有设计具体的实现路径与措施，或是因为根本就没有切实可行的办法进行操作而不得不将其束之高阁。

（三）教学改革重心偏移

长期以来，国家、省（部、委）重点资助的高校体育课程改革研究项目主要集中在"985""211"大学，教学改革的试验区也局限在位于中心城市且办学条件好、生源质量高的重点大学。真正能够代表我国高校主体的地方院校（占高校总数80%以上），始终被搁置在边缘地带。在教学改革实践中，站在教师"如何教"的角度，进行"教法"改革的项目与成果俯拾即是，而站在体育课程学习主体——学生的角度，研究"如何学"的问题，进行"学法"改革的项目与成果寥若晨星，改革的重心偏移。

（四）课改试验事倍功半

课程改革试验是对未知领域的探索，是走前人没有走过的道路，局部乃至整体的失败都是在所难免的，即使是失败了，至少也可以为后来者提供借鉴，从这个意义上讲，失败是成功之母。但对传统教学理论近乎颠覆性的"新课改"试验，自2001年开始在全国38个国家级试验区试行，至今未见到任何试验区的任何试验失败的报道，高校体育教学改革亦是如此。事实上，"新课标""新纲要"的教学理论还远未成熟，在用以指导体育课教学实践时经常会陷入捉襟见肘的尴尬之中。

（五）教师管理导向错位

现行的高等学校教师工作绩效评价与职称晋升制度中，学术论文的数量是衡量教师业务水平、决定其职称升迁的硬性指标。没有在学术期刊尤其是核心期刊上发表一定数量的论文，就无法在教师队伍中立足，至少是无法迈进精英队伍——高级职称的行列。面对关乎自身生存发展的选择，体育教师不得不放弃深入探究体育教学规律、不断提高教学水平的价值追求,而将大量的精力用于揣摩学术刊物的"口味",研究与本职工作毫无实际关系的"纯理论"问题。撰写论文成了教师的第一要务,发表论文成为从事研究工作的唯一目的,致使大量教学改革的实际工作处于被动应付的境地。

二、高校体育教学改革的回顾

(一)教学指导思想与教学目标的探索阶段

1979年,国家教委(现为中华人民共和国教育部)、国家体委(现为国家体育总局)、卫生部(现为国家卫生健康委员会)、共青团中央联合召开中华人民共和国成立以来规模最大的一次全国体育卫生工作经验交流会,颁布了《高等学校体育工作暂行规定》。在"调整、改革、整顿、提高"方针的指引下,高校体育课程改革全面启动。1990年2月,国务院批准发布实施的《学校体育工作条例》规定:"普通高等学校的一、二年级必须开设体育课。普通高等学校对三年级以上学生开设体育选修课。"同年10月,国家教委颁发了《大学生体育合格标准》和《大学生体育合格标准实施办法》。1991年国家教委开展了对全国高校体育课程的评估。1992年国家教委颁布了《全国普通高等学校体育课程教学指导纲要》,将体育课的教学目标确定为"通过科学的体育教学过程和体育锻炼过程,使学生增强体育意识,具有体育能力,养成体育锻炼的习惯,受到良好的思想教育,成为体魄强健的社会主义事业的建设者和接班人"。

(二)教学内容与教学模式的改革阶段

1995年6月28日国务院颁布了《全民健身计划纲要》。同年8月29日第八届全国人民代表大会常务委员会第十五次会议通过的《中华人民共和国体育法》第十七条规定:"教育行政部门和学校应当将体育作为学校教育的组成部分,培养德、智、体全面发展的人才。"随即国家体委又推出了《全民健身121工程》,要求学校"保证学生每天参加1次健身活动;每年组织学生开展2次远足野营活动;学生每年进行1次身体检查"。伴随着"121工程"的推进,各种健身、娱乐体育内容走进学校体育课堂。1999年6月中共中央、国务院颁发了《关于深化教育改革全面推进素质教育的决定》,要求"学校教育要树立健康第一的指导思想"。同年10月教育部在江苏无锡召开了全国学校体育卫生工作经验交流会,要求认真落实"学校教育要树立健康第一的指导思想,切实加强体育工作"。随后出现的"俱乐部模式""运动处方模式""三自主模式",开启了教学模式多样化发展的格局。

(三)教学理念与课程目标的创建阶段

2001年6月,国务院颁发的《国务院关于基础教育改革与发展的决定》提出了"加快构建符合素质教育要求的基础教育课程体系"的任务。2001年秋季开始,基础教育《体育与健康课程标准》在全国38个国家级试验区试行,2002年秋季试验范围进一步扩大到全国近500个县(区)。2002年8月教育部颁布了《全国普通高等学校体育课程教学指导纲要》,该纲要秉持以人为本、全面发展的教育理念,规定了由运动参与、运动技能、身体健康、心理健康、社会适应构成的课程目标。2006年12月,教育部、国家体育总局在北京召开了全国学校体育工作会议,颁发了《关于进一步加强学校体育工作,切实提高学生健康素质的意见》。同期,教育部、国家体育总局、共青团中央联合下发了《关于开展全国"亿万学生阳光体育运动"的通知》,力争用3到5年的时间,使85%以上的学校能全面实施《学生体质健康标准》,85%以上的学生能做到每天锻炼1小时,达到《学生体质健康标准》及格等级以上,掌握至少两项日常锻炼的体育技能,形成良好的体育锻炼习惯,体质健康水平切实得到提高。

三、高校体育教学改革的现状和趋势研究

为了适应社会对人才的需求,40多年来,全国各高校在探讨体育教学目标、体育教学指导思想的基础上对体育课程设置、教学内容、教学方法、教学的组织、教学的模式、教学的评价等进行了全面探索和改革。

(一)体育教学目标多元化

高校体育教学目标的主要观点包括:①以改善健康状况,增强体质为主要目标。②以学习和掌握体育知识技能为主要目标。③以竞技教育,提高运动水平,为国家培养优秀运动员为主要目标。④以培养学生的体育能力为主要目标。⑤以满足学生的娱乐心理,让学生享受体育乐趣为主要目标。⑥以培养学生的终身体育观念为主要目标。⑦以提高学生的心理素质和体育文化素养为主要目标。⑧以将体育锻炼作为手段,对学生进行思想品德教育,培养其优良品德为主要目标。⑨以身体练习为手段,促进学生身心发展,实现育人的目标。⑩以让学生掌握锻炼身体的方法为主要目标。体育教学的诸多目标都是围绕育人的总目标,在体育教学过程中,根据教学任务、教学内容、学生的实际情况和教

学条件所提出的具体目标或者阶段性目标。要实现育人的总目标，教育者必须科学地选择教学内容，根据现有的教学条件，分阶段、分层次、合理地选用教学方法进行教学。

（二）体育教学指导思想多样化

40多年来，我国高校体育教学指导思想呈现出多样化和综合化的特点，其主要观点包括：①全面教育的指导思想。②以体育教育为主的指导思想。③以培养学生运动能力为主的指导思想。④以快乐体育、娱乐体育为主的指导思想。⑤以终身体育为主的指导思想。⑥以竞技体育为主的指导思想。⑦以增强体质为主的指导思想。⑧以技能教学为主的指导思想。⑨以发展学生个性为主的指导思想。以上研究表明，高校体育教学指导思想随着社会的发展，有越来越"泛化"的趋势，各种体育教学指导思想之间具有逻辑上的紧密联系，是围绕两条相对稳定的主线（体质与运动能力），着眼于身心全面发展的。

（三）体育课程设置和教学内容的选择成为高校体育教学改革的核心

高校体育教学改革必须以改革课程设置和科学合理地选择教学内容为切入点。高校体育课程设置和教学内容的改革要以高等教育体育教学目标、现代体育发展的需要、学生的兴趣和爱好、场地设施为主要依据，确立以增强学生体质，促进学生身心全面发展为主的指导思想。在20世纪80年代初，随着我国改革开放的推行，许多高校在大学二年级相继开设专项课，1992年国家教委颁发《全国普通高等学校体育课程教学指导纲要》，正式对普通高等学校体育课程设置做出规定，即基础体育课、选项体育课、选修体育课、保健体育课4种类型。体育教学也从单一型发展到多种课型并举，很大程度上弥补了传统单一课型忽视受教育者的个性心理特征及主体作用的弊端。目前，高校体育课程设置和教学内容的模式为一年级以必修课为主，安排了提高身体素质、配以各类基本技术的教材体系，以弥补中学体育教学的不足，完成中学至大学的合理衔接和过渡。二年级开设专项课，学生可选择课程、教师。开设选项课，以满足学生兴趣、爱好和选择的要求。三、四年级开设选修课，以休闲课和娱乐课为主，增加专业性的内容，采用"俱乐部"制。例如，地质院校增加了登山运动、负重行军等内容；商业院校增加了保龄球、台球等内容。形式多样、内容丰富的教材，不仅有健身、娱乐之功效，而且能使学生适应毕业后的生活与工作。此外，还适当地增设了体育理论知识课程，让学生明确学习的目的，端正学习态度；了解人体发展和运动生理、卫生知识；掌握各项运动的知识和锻炼身体的方法。但在改革中也存在一些共性问题。例如，教学目标宽泛、模糊；教材的选编、课程的设置存在较大的随意性；在教学内容的安排上，运动的内容不全面，重运动，轻养护。

（四）体育教学方法的改革正逐步向"启发学生主动学习"的方向发展

体育教学效果很大程度上取决于教学方法的应用是否科学。目前，体育教学方法的改革十分活跃，如主体教学、发展式教学、自学式教学、启发式教学、快乐式教学等，从整体改革的思路来看，大都能体现"启发学生主动学习"的思想，这表明"以教师为中心"的传统观念正在转变。但在改革中，许多研究者没有清楚地认识到教学方法两重性的特点，即功能性和局限性。因为教学过程是一个结构复杂、多阶段、多因素的动态过程，教学有法，教无定法，贵在得法。教学必须针对学生的实际，既有利于发挥教师的主导作用，又必须尊重学生的主体意识，周全地考虑教学方法运用的针对性、时效性、全面性。

（五）体育教学组织形式具有多维性

体育教学的组织工作是否严密、合理，会直接影响教学效果。有关研究表明，目前，大多数高校采用的是分组不轮换的教学组织形式，分组是根据"三向"交往（教师与学生之间，学生与学生之间，教师与学生、学生与学生之间的交往）的理论来进行的。根据这一理论，目前主要有以下几种教学组织形式：一是散点式；二是"小群体"式；三是自然分组式；四是按运动能力分组（搭配式、分级式）；五是俱乐部组织形式。总的来讲，体育教学的组织是多维的，以上叙述的是目前研究比较多的组织形式，各种组织形式都有其特点，它们的共性在于能发挥学生的自主性、积极性，有利于发展学生的个性和创造性。但教学的组织形式受教学条件的制约，还有待在更大范围内做更缜密的研究。

（六）体育教学模式具有针对性

体育教学模式的研究是当前体育教学论和体育教学改革的重要课题之一。近几年，对体育教学模式的研究日趋活跃，这表明高校体育教学改革已开始进入综合研究阶段。目前，中国体育科学学会学校体育专业委员会提出了主体教学模式、成功教学模式、合作竞争教学模式。上面多种教学模式不是孤立存在的，不同类型的体育课，因其特性和要完成的任务不同，就需要有多种教学模式去适应。由此看来，教学模式既可以组合，又允许创造，但设计任何教学模式都必须以科学的理论为指导，并通过实验对比才能对其合理性、可行性和可操作性进行评价。

（七）体育教学评价具有双向性

教学评价是获得反馈信息的重要手段。目前，高校体育教师比较重视教学评价的研究，尤其重视师生的双向评价。通过教师评价学生的学习，使每个学生都能从教学评价中得到新的目标和新的动机，通过学生评价教师的教学，促使教师科学安排和控制教学程序。但教学评价的研究多数停留在理论研究上，付诸实践的较少。

综上所述，当前高校体育教学改革表现出以下特征：①教学目标开始朝着"多目标""多功能"的方向转移，既追求近期效益，又追求长远目标。②教学指导思想从"生物体育观"逐渐向由生物、心理、社会三方面因素构成的"三维体育观"转变，从而拓宽了其在健身、娱乐、竞技、文化、社会等方面的功能。③课程设置和教材建设已成为高校体育教学发展的核心动力。近年来围绕课程设置、课程类型、课程内容、教学定位、教学大纲、教学模式和教学体系等内容进行了改革，课内外一体化已经形成。④教学方法的改革显得格外活跃，从规律性的思路来看，大都能体现"启发学生主动学习"的思想，表明"以教师为中心"的传统体育教学正在逐步转变。⑤高校体育教学组织形式的改革根据"三向"交往方式，由表浅向深层次发展。⑥高校体育教学模式的研究已通过许多内涵丰富的研究模式表现出来，但目前这种教学改革实践滞后的现象却比较普遍。⑦教学评价的研究从身、心两方面的效果考虑，采用定性和定量相结合的评价方法，在一定程度上可以满足现实的需要。

四、高校体育教学改革的具体措施

根据教育部《大学体育教学基本要求》的精神，结合我国高校体育教学的现状，并借鉴成功的国际体育教学经验，我国高校体育教学改革应从教学大纲、教学模式、课程设置、教学评估以及师资队伍建设五个方面入手。

（一）制定有本校特色的教学大纲

各高校应根据本校学生的特点，结合本校的办学特色和人才培养方向，参照全国统一的教学大纲的要求，制定本校的科学化、系统化、个性化的体育教学大纲及具体实施方案和细则，指导本校的体育教学工作。

（二）转变教学思想，改革教学模式

当前大学体育教学应由传统的"以教师为中心"向"以学生为中心"转变，强调师生互动，发挥学生的主体作用和教师的主导作用，充分调动学生的学习积极性，使学生实现由要我学到我要学，进而达到我会学的根本性转变。在新的教学模式下，教师的角色理应发生革命性的转变，教师应由过去单纯的体育技术的传授者转变为教学内容的设计者、教学活动的组织者、教学过程的监控者、教学结果的检验者以及学生能力的培养者。改革教学模式时，应采取分层与分流教学、普修与专修教学相结合，课堂教学与课外体育锻炼相结合，大班上理论课与小班上技术课相结合，课堂教学与开放式自主教学相结合，传统教学与多媒体辅助教学相结合等多种方式。学生可在同年级、多种教材范围内自由选择上课。在考试方面，将通过学校进一步建立体育理论与实践试题库，以抽签形式确定考试内容，并对结果给予评价。在完成体育教学任务的同时，增加体育选修课程，为培养学生的终身体育意识打好基础。

（三）改革高校体育课程设置

从我国高校体育教学的实践中不难发现：一方面，体育课的教学内容和学时不能满足学生兴趣和锻炼身体的需要，学生总是围绕达标、考试而进行学习和锻炼，这在一定程度上抑制了学生的个性发展；另一方面，高校体育教学仍沿用传统的"运动训练法"和"普通教学法"，即通过教师的讲解示范、学生的模仿练习，达到应付达标和考试的目的。课程结构、教学内容与教学方法仍然停留在一种"大学名称、中学内容、小学组织"的模式中。由于长期以竞技体育知识为中心或过分强调其知识、技能在体育教学内容中所占的比重，而导致了学生竞技知识与健身能力之间的失衡。显然，这种重竞技知识、轻健身能力，重共性、轻个性的课程设置模式与素质教育的理论相背离，不利于现代社会创新人才的培养。因此，高校体育课程的设置，在内容上要充分考虑学生的兴趣及其运动习惯的养成。在高校课程安排上应相应地减少体育必修课的比例，增加选修课的比例；应该加强课外体育锻炼的组织与实施，建立以健身为主要内容的新体系。体育的课程内容需要增加大量的休闲运动，尤其是终身体育的内容要不断增加，使学生体会到运动的价值不仅在于提高运动技术水平，更重要的是要掌握健康运动的科学方法，为增进自身健康服务。此外，还要增设学生喜爱的体育休闲项目，提高其参加体育活动的兴趣，激发其锻炼的动力，充分发挥学生的积极性和创造性。

（四）改革高校体育教学评估体系

教学评估是教学过程的一个重要环节。全面、客观、科学、准确的教学评估体系对实现课程目标至关重要。它既是教师获取教学反馈信息、改进教学方法、提高教学质量的重要依据，也是学生调整学习策略、改进学习方法、提高学习效率的重要依据，它还是教学管理者调整和制订教学计划、合理安排课时分配的重要参考依据。而传统"一刀切"的考核与评价方法，对考查学生的全面发展程度和各项身体素质的提高都存在很大的局限性。单一的成绩评定容易挫伤部分学生的学习积极性，不利于学生形成正确的现代体育意识和健身观。因此，对学生体育成绩的考评应从以下三个方面进行：一是注重学生学习过程的考查。学生学习和练习过程的质量在很大程度上决定了其结果的质量。因此，那种只重视结果而不注重过程的做法是不妥的。二是要重视发展个性的考评，以考促学。学生在身体条件、运动爱好和运动技能等方面的个体差异是客观存在的，应根据这些差异来确定目标和评价方法，并提出相应的教学建议，以确保绝大多数学生都能完成学习目标，使之成为促进学生学习的动力。三是要重视对身体素质达标情况和体育理论知识学习水平等内容的考评。可以加强对体育教学评价与考核方法的研究，使之符合素质教育的要求，同时，增强学生的体育意识，促进学生综合体育素质和能力的提高。这种教学评估体系的改革将极大地调动学生学习体育知识和技能的积极性，全面提高学生的身体素质和运动能力。

（五）提高体育教师队伍的整体素质

首先要从源头抓起，严把教师录用关。其次要加强对教师的培训，通过培训来提高他们的教学水平和教学技巧，使其学会如何激发学生的学习兴趣，如何鼓励学生全身心地投入学习活动中，如何适当地纠正学生在学习过程中出现的错误等。同时，通过培训使其掌握必要的教学理论和教学技能，使教师从单一的"技术型"向"复合素质型"转变，从而推动素质教育的顺利实施。

第五章　高校体育教学渗透心理健康教育

第一节　高校体育教学渗透心理健康教育的含义与作用

一、高校体育教学渗透心理健康教育的含义

高校体育教学渗透心理健康教育，是指高校体育教师在体育教学过程中自觉地、有意识地运用心理学的原理与方法，在授予学生一定的体育知识、运动技能，发展他们的智力与创造力的同时，维护和增进学生的心理健康，促使大学生形成健全的人格所采取的各种措施。

在体育教学中实施心理健康教育，就是在体育课堂教学中有目的、有计划、有组织地对学生的心理健康施加影响的教育过程。体育教学渗透心理健康教育要求在体育教学目标的确定、课程的设置、教材内容的取舍、教学方法的选择上，既要符合社会发展的要求，又要符合大学生发展的年龄特征，既要考虑知识技能的传授，又要考虑到大学生各种心理品质的发展。同时，由于高校体育具有其自身的特点，所以，在教学中还要考虑大学生的身体素质、生理状况，以及大学生对运动技能的掌握情况，合理地安排运动负荷以及体育教学渗透心理健康教育的内容。

二、高校体育教学渗透心理健康教育的意义

（一）拓展大学心理健康教育的空间

学校心理健康教育的开展需要运用多种方式全面渗透，换句话说，心理健康教育应渗透和融合到整个学校教育的全过程中，利用各种教育活动来对学生进行心理健康教育，既要加强消极的心理卫生教育，即出现心理问题及时疏导，

又要重视积极的心理卫生教育,即增强心理免疫能力,提高心理健康水平,使心理健康教育真正落到实处。高校体育是学校教育的一个重要组成部分,体育教学对学生心理健康的影响不可低估。锻炼愉快感的获得是一种积极的情绪体验,可以增强锻炼者的控制能力或控制感以应付不良的刺激。这种由生理变化引起的心理变化,沉淀起来便会形成乐观进取、开朗豁达的良好性格。20世纪80年代后期以来,国内外日益增多的研究也显示,体育活动对于人的心理健康具有明显的积极影响。增进大学生心理健康应是大学体育改革的基本目标之一。通过体育活动促进学生心理健康,既是现代学校体育功能的体现,同时也拓展了大学心理健康教育的空间,使学生有更多的机会接受心理健康教育。

(二)提高大学心理健康教育的针对性

就大学当前所开展的心理健康教育而言,不论是开设心理辅导教育选修课还是进行专题讲座,所针对的都是大学生常见的一些心理问题,无法根据不同类型的大学生因材施教,如不同性别、体弱多病、自卑感强的学生等。虽然个别心理咨询能在一定程度上弥补这方面的缺陷,但其性质决定了它的受益者只能是某些问题较大、困扰程度较高,且积极主动接受心理辅导的学生。而通过体育课程进行心理健康教育在制度上保证了所有学生都能接受教育,其覆盖面广,同时在授课形式上,体育课程也有其他课程无法比拟的优势,一般课程往往受空间和时间以及教育资源的限制,师生间的心理距离较远,阻碍了师生间的心理交往,不利于心理健康教育,而体育课程特殊的上课形式、独特的师生交往方式、特别的教学内容,则为教师有意识、有目的地针对不同类型的学生进行心理健康教育提供了便利,从而提高了心理健康教育的针对性。

(三)丰富大学心理健康教育的形式

大学开展心理健康教育的形式主要有理论说教、言语的疏导等,而体育课程变化多样的教学内容为心理健康教育提供了丰富的载体,不管是个人项目还是集体项目,无论是速度项目还是耐力项目,不论是比赛还是游戏活动,都为心理健康教育提供了广阔的空间。它不仅能使学生在各种不同的运动中体会竞争和合作,感悟自我,加深对集体、规则、秩序、策略等的理解,而且能让学生在活动中体验成功,在成功中培育自信,在失败中感受挫折,在挫折中磨炼意志,提高其心理承受能力,从而实现提高大学生心理健康水平的教育目标。这种融心理健康教育于学校体育教育过程中的形式,更容易为大学生所接受,其教育效果比单纯的说理更加显著。

（四）有利于提高大学生的心理素质

心理素质是主体在心理方面比较稳定的内在特点，包括个人的精神面貌、气质、性格和情绪等心理要素，是其他素质形成和发展的基础。大学生求知和成长，实质上是一种持续不断的心理活动和心理发展过程。教育提供给学生的文化知识，只有通过个体的选择、内化，才能渗透于个体的人格特质中，使其从幼稚走向成熟。这个过程，也是个体的心理素质水平不断提高的过程。大学生综合素质的提高，在很大程度上会受到心理素质的影响。学生各种素质的形成，要以心理素质为中介，创造意识、自主人格、竞争能力、适应能力的形成和发展要以心理素质为先导。在体育教学中渗透心理健康教育，可以使大学生在复杂多变的社会环境中，保持良好的心理素质，这是大学生抵制诱惑、承受挫折、实现自我调节的关键。

（五）有利于大学生潜能的充分开发

教育的目的之一就是要开发受教育者的潜能。良好的心理素质和潜能开发是相互促进、互为前提的，合适的教育可为二者的协调发展创造必要条件。人本主义心理学家罗杰斯认为教育的目标就是促进学生的发展，使他们成为能够适应变化，知道如何学习的"自由"人。这种人的基本特征是：一是富有创造性；二是具有建设性和信任感；三是具有独立自主性。这种人也就是马斯洛心目中的自我实现者，主要表现在两个方面：一是完满人性的实现，指作为人类共性的潜能的自我实现；二是个人潜能和特性的实现，指作为个体差异的个人潜能的自我实现。如果说情感是人的一种心理现象，那么有关自我情感的有效判断则是人类所特有的心理品质。人在犯错后的羞愧感、遭遇失败的耻辱感、成功后的自豪感以及对自己的满意感等由自尊而引起的情感体验无疑会成为一种前提性暗示，决定着人们的行为取向。通过体育教学培养大学生的健康心理，帮助大学生在更高的层次上认识自我，从而实现角色转换，提高对环境的适应能力，最终使大学生的潜能得到充分开发。

三、高校体育教学渗透心理健康教育的作用

体育教学因其教学活动的动态性、身体活动的实践性、人际交往的立体性、心理操作的复杂性、心理体验的复合性等，在帮助学生改善心理状态，有针对性地克服心理缺陷，提高心理品质，消除心理障碍等方面，具有其他教育无法替代的作用，是最容易调控、最现实的心理健康教育手段。

通过体育教学使每一个学生都了解自身的智力与个性特点，掌握心理健康的基本知识，学会简单的心理调控方法，形成良好的心理健康素质。这些良好的心理健康素质包括：自强不息的人生态度、积极进取的成就动机、勇于冒险的创新精神、高瞻远瞩的预见能力、富有弹性的适应能力、百折不挠的抗挫折能力、强弱适度的情绪反应能力、善于与人相处的交际能力、自我调控的行为能力、健全和谐的人格系统。

（一）对健全学生人格的作用

大学生在体育学习中对自己的认知、情感、意志、能力、性格等心理上的缺点易于做出比较正确的评价，而为了完成体育学习任务和服从集体利益，大学生必须提高自我教育的自觉性，增强自控能力，从而形成活泼开朗、勇敢果断等良好性格，矫正懒惰散漫、胆怯懦弱等不良性格。日本学者小林晃夫和松田岩男通过研究发现，运动能力强的、经常参加体育活动的学生，其心情变化少，自卑感少，情绪稳定，精力充沛，能与人很好地交往，社会适应能力良好；反之，运动能力差的、较少参加体育活动的学生，缺乏耐力，个性也会出现较多的问题。

（二）对调节情绪、情感的作用

在高校体育教学中，大学生通过身体活动能够体验到在社会现实中不能体验到的积极情绪，可以满足大学生某种合理的欲望，使受挫折后产生的不良情绪通过躯体活动得到宣泄、转移和升华，有助于大学生的身心健康发展。相关研究表明，体育活动能改善自我概念，有利于培育大学生的自信心，并能陶冶大学生的情操。体育活动能带来畅快的情绪体验，并能培养大学生的主体意识和活泼愉快、积极向上的精神。同时，学校体育对大学生的高级社会性情感，如道德感、理智感和美感的发展也具有积极的影响。

（三）对促进智力发展的作用

亚里士多德早就指出：在体育上，实践必须先于理论，身体的训练应在智力训练之前。从现代科学的观点来看，体育之所以能发展智力，有以下两方面的原因：首先，体育锻炼能使内脏器官功能增强。例如，经常进行体育锻炼的人，其心脏脉搏输出量就增加，即每次心脏跳动能给大脑提供更多的血液，有助于智力活动的进行。其次，体育锻炼能大大改善和提高中枢神经系统的机能。苏联学者列斯加夫特认为，人的脑力与体力之间存在紧密联系，脑力的发展要求体力有相应的发展。体育锻炼可以使大学生手脑并用，学会运用和创新知识技能。

（四）对磨炼坚强意志的作用

体育活动中任何运动都是依靠学生自身的力量完成技术动作的过程，尤其是在复杂的、难度较大的运动项目中更是如此。没有对自身力量的高度自信，没有坚强的意志，就无法发挥自己的身心力量去完成任务。在高校体育教学中，大学生经过自己的努力，完成具有一定难度的动作后，成功感便会油然而生，这对提升大学生的自信心，培养勇于拼搏和创新的精神，磨炼坚强的意志以及陶冶情操都具有推动作用。成功感又是一种强化力量，可促使大学生努力争取更大的成功。这种积极进取的精神，对于日常生活、学习中累遭挫折，经不起困难考验，不能始终如一的大学生来说，可以培养他们的坚强意志、自信心、进取心和争取胜利的决心。

（五）对培养竞争意识与合作精神的作用

体育活动以其丰富多彩内容和竞技抗争的形式吸引着人们前来参与，在体育活动与竞赛的过程中，始终贯穿着竞争与奋发向上的精神，包括在一般的体育游戏中，也充满你追我赶、争强取胜的竞争。经常参与体育锻炼和体育游戏可增强人们的竞争意识和进取精神。一些集体性的体育活动，由于抗争激烈，集体配合性强，在活动中不仅要充分发挥参与者的身体机能、技术和心理能力，而且需要大家齐心协力、默契配合、相互理解，才能取得一定的成效。因此，体育活动可有效培养现代人的竞争意识与合作精神。

（六）对改善人际关系的作用

体育活动有利于学生社会交往和人际交往能力的培养。社会学家调查发现，经常从事体育运动的学生比一般学生要参加更多的社会活动和社会组织，而在这些活动中，学生的个性可以得到充分的调整和发展。体育活动是一种人与人之间相互交往的良好形式，是改善人际关系的良好资源。在体育教学中，师生之间、学生之间交往极为密切，次数之多，频率之高，是其他学科难以达到的。这种交往不仅能传授知识、技能，促进身体发展，而且能增进相互理解，通过彼此交换意见和看法，增强亲近感。体育教学中的人际交往与一般人际交往不同，它不涉及其他方面的问题与利益，不必借助更多的书面语言和口头语言，因而可使彼此间的心理距离拉近，易于消除隔阂，坦诚相待，从而实现心理相容，改善人际关系。

（七）对提高适应能力的作用

体育教学内容广泛，活动项目繁多，场地器材多种多样，教学环境可变性较大，且教学方法较为复杂。在体育教学活动中，既有理论知识的讲授，又有运动技术的分析；既有动作示范、练习、帮助，又有保护、达标、技评。同时，在体育教学活动中，学生的体力、智力、情绪等都处于一个积极的活动状态中，或紧张，或兴奋，可以让学生更多地体验到纷繁复杂的环境变化，逐步锻炼和提高自己对复杂多变的环境的适应能力。

（八）对思想品德教育的作用

学生良好的品德的形成不但与学生的理想、信念有密切关系，而且与体育等实践性较强的教学紧密相关。因此，体育教师要在钻研教材教法的基础上，明确教学目的，结合教材特点与学生实际，寓思想品德教育于体育教学和体育活动之中，注重团队精神的养成，教育学生为社会主义现代化建设锻炼身体，提高社会责任感，培养集体主义精神。

第二节　高校体育教学渗透心理健康教育的目标与过程

一、高校体育教学渗透心理健康教育的目标

（一）科学地设定目标的意义

教学目标是否科学、合理，一方面直接关系到高校体育教学内容、方法和手段的选择与运用；另一方面又关系到高校体育课程的发展方向，影响着人才培养的质量和规格。随着体育教学改革的深化，体育教学观已由单一的生物体育观发展到集生物、心理、社会于一体的三维体育发展观。体育教学目标也从过去的增强体质、增进健康、掌握"三基"等发展到现在的开发学生的身心潜能、增进学生心理健康、促进个体社会化，以及培养创新精神与创新能力等符合学生身心发展需求和社会需要的新的教学目标。体育教学作为实现学校体育教育目标的主要途径，是一种有目的、有计划、有系统的活动，其目的性、计划性、系统性主要反映和体现在教学目标上。体育教学目标是体育教学的方向和灵魂，它决定着教学内容、教学过程、教学方法、教学评价和教学效果，是影响教学全局的根本内容。

过去高校体育教学目标只简单地定位于体育知识、技能的传授和体质的增

强，忽视了大学生心理潜能的开发、心理素质的培养和心理健康的维护，而这正是它种种弊端产生的根源。因此，科学设定高校体育教学目标，将心理健康教育真正融入高校体育教学目标之中，是时代发展的要求，是推行素质教育、全面提高教学质量的需要，也是人自身发展的需要，同时，还是体育教学渗透心理健康教育，提高大学生心理素质的前提条件。

（二）科学地设定目标的要求

高校体育教学渗透心理健康教育目标的设定应做到科学、合理。具体来说，其科学性与合理性应符合以下几点要求。

1. 自然性

心理健康教育是体育教学本身所蕴含的（直接或间接的），而不是脱离教学、外在强加的。也就是说，它不是附庸的、牵强的，而是分内的、自然的，如果硬要贴标签式地为心理健康教育而心理健康教育，那就难以真正实现预期目标。

2. 针对性

高校体育教师要充分了解所教班级集体的心理状况，了解学生的共性心理与个性心理，有差异性和针对性地设定心理健康教育目标，切不可套用相同的模式。

3. 整合性

通过体育教学完成心理健康教育目标，不应是径直的、外露的、赤裸裸的，而应是曲折的、暗示性的。简言之，心理健康教育目标的完成可以与知识技能的传授同步进行，可以在教学过程中产生心理健康教育的效果，还可以在美的体验和愉悦中净化心灵。因此，目标的设定不宜过"实"、过"板"、过于"线性化"。

（三）认真做好教学设计

1. 合理选择教学方法

在教学方法方面，要根据学科内容的需要，采用多种方式，充分利用现代体育教育方法，使大学生在浓厚的兴趣的驱使下积极主动地参与到学习中来，防止疲劳和厌学情绪产生。在教学目标上，要根据大学生的年龄特点，在传授知识技能时，指导大学生养成良好的学习与运动习惯，掌握科学有效的学习方法和体育锻炼方法，提高创新能力和运动能力。

2. 合理运用教学组织形式

由于体育教学需要承担一定的生理负荷，所以在教学内容、方法与教学组织形式的选择上，要考虑大学生的身体素质和心理特点，在组织形式上，采用符合大学生心理特点的形式，灵活安排教学内容，使大学生在轻松愉悦中受到熏陶。

3. 树立正确的教学理念

在进行教学设计时，要讲究渗透原则，即适时、适度、有机渗透的原则。也就是说，在体育教学设计中，切忌唱高调，不能一味强调道德信仰，而忽视道德行为、习惯的培养，特别是要树立以人为本、全面发展的理念。

二、高校体育教学渗透心理健康教育的过程

高校体育教学中渗透心理健康教育的过程就是心理健康教育在体育教学中具体的实施过程。这种渗透事实上是无处不在、无时不有的"常规工作"，因而是体育教学渗透心理健康教育的重要环节。

（一）选择恰当的模式

心理学家勒温和李皮特提出了三类领导方式，即民主型、专制型和放任型领导方式。当教师的行动更民主时，课堂心理气氛就更加活跃，其教学效果会表现得更好。因此，民主型管理方式应该是体育教学渗透心理健康教育的首选课堂管理模式。这是因为民主型管理方式比较容易营造师生之间平等、民主、合作的氛围，易于拉近师生之间的心理距离，学生具有较高的安全感和自主性，师生之间的互动也较为自然、和谐，这样学生能从中吸取的积极的心理成分也就大大增多，资源性的心理伤害相对减少，有利于大学生的心理成长和心理健康。

（二）营造良好的心理氛围

课堂心理氛围是指班集体在课堂上的情绪、情感状态，这种状态是学生接受教学的最重要的心理基础，进而构成影响学生心理健康的潜在教育因素。美国教育心理学家华尔特曾指出："教师的工作本质上就是推销工作。因为教师要想方设法说服学生，使他们相信教师所教授的这一学科是具有价值的，是值得学习的。"因此，在课堂教学中，教师应在坚持愉悦性、激励性、差异性和支持性等课堂教学的心理卫生原则的前提下，着力于通过精心组织教学内容、积极改进教学方法、精心设计问题情景等激发学生的兴趣，寓教于乐，通过平

等、民主、合作的师生关系带动课堂的良好气氛。同时,要大力优化教学情景,建立宽松、和谐的师生关系,使学生在愉快、有安全感、没有太大心理压力的课堂气氛中去学习与锻炼。只有这样,课堂教学才有助于学生形成积极的学习态度、正确的学习动机、愉悦的学习情绪并保持高度的学习注意力。

(三) 形成有效的课堂管理

形成有效的课堂管理是操作性的,这种操作涉及课堂秩序的建立,课堂活动的组织与反馈,课堂中的鼓励与批评、表扬与惩罚,课堂中学生行为问题的处理等诸多问题。这些方面的有效管理也是落实课堂教学中渗透心理健康教育的重要途径。例如,在课堂秩序建立方面,埃默等人对有成效和成效差的教师进行了对比研究,结果发现这种差异对学生的行为、成绩有明显的影响。此外,无数教育实践已证实,教师在课堂上如何使用以及能否正确使用奖励与惩罚手段、教师能否使用恰当的策略处理学生的课堂行为问题等,都会对学生的心理成长和心理健康产生不同程度的影响。因此,教师应在正确的学生观的指导下,充分利用心理学与教育学的有关原理和知识,努力形成促进学生心理健康的行之有效的课堂管理方法。

(四) 构建培养大学生良好心理素质的体育教学体系

1. 以课堂教学为基础,增强体育课程在培养大学生心理品质上的实际效果

在理论课程设置上,应增加"心理健康与心理保健""心理健康评价""身心健康理论"等课程,使学生获得基本的心理知识,为提高心理素质奠定理论基础。在实践课程设置上,也必须把培养大学生的心理品质作为重要目标,赋予每一门实践课程以培养学生心理品质的功能。如通过健美课程,使学生感受到青春活力和生命的蓬勃,增强自信心;通过篮球、排球、足球等具有群体性的课程,培养学生的集体荣誉感,增强其团结合作意识;通过跨栏跑、三级跳远、撑竿跳等一些高难度的课程,培养学生迎接挑战的信心与勇气;通过铅球、铁饼等体现力量美的课程,培养学生吃苦耐劳、顽强拼搏的意志。在体育教学中,要实现促进学生心理健康的教学目标,教学方法和组织形式的选择与运用是关键。以往教师在教学的过程中,关注的是学生对体育技术、技能的掌握情况,忽视的是学生心理素质的培养。因此,必须改变这种以教师为主体的,只注重技能教育目标而忽视心理教育目标的单一性的教学方式。应把培养学生的心理品质考虑进来,在教学方法和组织形式的运用上,要多为学生提供主动参与的

机会，引导学生积极主动参与体育教学，为每个学生提供自我表现和发挥创造力的机会。要多让学生体会到体育课程的乐趣，体会到成功的满足感和成就感。为此，要尊重学生的个体差异，坚持因材施教、分层教学，让处于不同层次、不同水平的学生都能体验到运动的快乐和成功的自豪感，特别是让那些身体素质较差、心理素质较弱、容易自卑的学生多体验到体育运动的乐趣和成就感，使他们走出阴影，增强自信心，把在体育课程中获得的自信心带入学习、生活的各个领域，使身心素质都得到明显改善与提高。

2. 以课外活动为依托，发挥各类体育活动在培养大学生心理品质上的积极作用

体育教学中大学生体能的增强和心理健康水平的提高，仅靠每周的体育课程是难以实现的，还需要学生积极参与体育锻炼和课外体育活动，参与各类体育竞赛，因此需要课内与课外紧密结合，校内与校外紧密结合。

3. 重视体育教学在课程资源开发与利用中的积极作用

课程实施是课程开发与利用中重要的一环，体育教学活动作为体育课程实施的主要途径，无疑在课程资源的开发与利用过程中起着不可忽视的作用。因此，要关注整体教学的实际运作，重视体育教学在课程资源开发与利用中的积极作用。这就要求教师在教学中，结合学校的实际和学生的经验与体验，依据一定的目的对课程资源进行选择、组合、改造与创造性加工，从而使课程资源的开发与利用落实到体育教学的层面上。

4. 对课程资源进行挖掘，扩充体育教学内容

体育教师要尽量挖掘和利用贴近学生社会与现实生活的体育素材，从课程资源中挖掘出更加丰富的内容，引导学生将书本知识转化为实践能力，使学生在生活中受到相应的教育。一方面要建立合理的教材结构，总结旧教材的优缺点，为新教材提供经验支持；另一方面要因地制宜地根据学生的情况和教学任务选用和创编教材，延伸教材。民族传统体育和民间体育活动项目，都是体育与健康课程应当大力开发和利用的宝贵资源。挖掘和利用民族传统体育资源，不仅可以弘扬民族文化，振奋民族精神，而且能够丰富教学内容，活跃课堂气氛，增进学生的身心健康。

5. 加强信息技术与体育教学的整合

现代信息技术与体育教学的整合，既是现代体育教师应具备的基本能力，也是充分利用现代体育教学资源的重要途径。图书馆藏有大量的体育图书、体

育历史资料，它们包含大量的有价值的体育知识和技术；网络能提供全面的体育新闻、最新体育动态，而且网络上有许多精辟的体育评论，也有实用的体育健身知识、运动处方；多媒体能有效地宣传体育，辅助体育教学。例如，武术套路，篮、排、足球的攻守技术，都可以利用多媒体进行教学。这些课程资源的开发和利用都会丰富体育课程内容，优化体育课程，促进体育课程的发展。

第三节　高校体育教学渗透心理健康教育的内容与方法

一、高校体育教学渗透心理健康教育的内容

（一）体育学习心理教育

提供优质的体育学习心理教育旨在协助大学生开发体育学习潜能，掌握科学的学习方法与策略，增强体育学习的效果，纠正不良的学习心理与行为习惯。

1. 体育理论常识教育

大学生活泼爱动，有很强的求知欲望，正处在青春发育的关键时期，学校体育应开设基础运动心理学。公共体育课应在对学生进行体育知识传授的同时，讲解一些国内外的体育形势、体育新闻、竞赛和裁判（规则）知识等。增加体育保健、体育卫生、体育锻炼中的自我监督与评价及心理健康知识方面的内容。普及体育常识，对学生进行心理健康教育，让学生了解心理健康的重要性，提高自己的调节和自控能力。

2. 学生兴趣培养教育

兴趣是力求探索某种事物或进行某种活动的倾向，对于人的认识和活动都有非常重要的作用。兴趣作为一种自觉的动机是学生从事活动和创造性发展的重要条件。学生的学习兴趣一旦被激发，从生理上、心理上得到某种满足，他们就会产生聚精会神的注意、兴奋及坚强的意志力。作者在教学中发现，学生每次上课时，开始惰性很大，情绪低落，跑起步来腿沉重地拖在地面上不愿抬起，于是作者在做准备活动时选择了一些和教学有关的趣味性体育游戏，培养学生的体育兴趣，调节教学气氛，以改善学生的心理环境，使学生的情绪逐渐被调动起来，达到了良好的教学效果。教师应不断改进和创新教学方法和手段，启发和引导学生发现问题和提出问题，激发他们的思维活动，使他们带着求知的渴望和明确的目标用"心"去学。同时在教学中应充分发挥学生的主体作用，

利用学生好动的天性和跃跃欲试的好动心理，抓住学生掌握动作后的自我欣赏、自我表现的欲望，及时恰当地给予评价，让学生体验到成功的喜悦和运动的快乐，使学生积极主动地参与到教学活动中，充分表现自我，从而激发兴趣，调动学生的积极性。

3. 培养学生的体育学习心理状态

教师在体育教学中针对大学生所产生的心理活动及行为表现的变化，实施心理激励调控和暗示调控，使大学生形成一种兴奋、好学的心理状态，从而诱发其内部"能源"，最大限度地调动和发挥他们体育学习的积极性、主动性和创造性，增强学习效果。

4. 开发运动技能

主要通过良好的学习行为和心理能力的训练来实现。其操作程序包括：提出要求，执行要求；重复练习，以熟练、自然、自觉为目标；正面引导，积极提供学生效仿的榜样；督促检查，帮助学生克服不良的学习习惯。

5. 开发学习动力调节系统

通过设置课程目标、创设情境、积极反馈、价值寻求等方法，激发大学生参与体育学习、体育锻炼的动机；通过成功教学法、愉快教学法、需求满足法、兴趣教学法等，培养大学生参与体育的意识和兴趣，从而转变或改善大学生的体育态度，养成体育锻炼的习惯，使大学生喜爱体育，形成良性的体育心理状态。

（二）情绪、情感的调控教育

情绪与情感是伴随认识活动而产生的一种心理活动过程。良好的情绪情和感教育对促进人的品德、认知的发展，以及促进身体健康成长具有积极的作用。反过来说，体育活动对人的情绪调节、情感的发展也具有积极的影响。

情绪是衡量体育活动对心理健康影响的最主要的标志，也是人的自然需求是否得到满足而产生的一种态度体验。情绪几乎与人的所有活动都有联系，对人的行为活动具有很大的调节作用。体育活动能直接给人带来愉快和喜悦，并能减缓人们的紧张与不安，从而调控人的情绪，达到心理健康的目的。研究发现，中等以上负荷强度的运动可以减少情绪上的负担，甚至能减轻或消除情绪障碍。例如，通过体育活动与体育比赛，可以合理宣泄不良情绪，消除心理紧张，放松身心，调节心理状态，维持心理平衡。又如，参与跑步者在跑步过程中会出现一种情绪高潮，有人称之为"体育锻炼快感"，即在跑步中出现良好的身心状态，自身与情境融为一体，动作轻松，忘却自我，充满活力，超越时空障碍，在跑步后有全身放松的舒适感觉。体育运动能给人带来不同的心境，如主观良好感、兴奋、焦虑、紧张、自信等变化，在这个过程中，参与者能获得良好的心理效应和感觉。

在体育教学中，教师应当首先了解学生对自己从事某运动项目的能力的最初评价，然后通过训练让学生更加客观地了解自己、评价自己，消除自大、自卑、抑郁等不良的情绪，从而形成正确的人生定位和自我概念。另外，在运动锻炼中总会不可避免地遭遇失败，面对失败，如何从中吸取经验教训，从失败的阴影中走出来，是每位学生必须体验的心路历程。体育教师在学生遭遇失败时，除了要给予一定的技能指导和及时的支持鼓励之外，更重要的是要教会学生自我激励，培养学生不轻言放弃和坚持不懈的意志品质，如言语暗示"我能行，我肯定能行""这没有什么，只要我再坚持下去就没有什么好怕的"等，从不断地失败和不断地战胜失败的过程中磨炼学生的意志，通过"尝试错误"来促进自我发展，以提高大学生的挫折承受能力。此外，大学生在日常的学习和工作中，面对困难和挫折，总会或多或少地产生各种负面情绪，而负面情绪积累过多，无法宣泄，势必会影响人的身心健康。体育运动是宣泄负面情绪的重要方法，是合法且最不具破坏性的途径。因此，在大学体育教学中，特别是对于高年级的学生，应当适当安排一些激烈程度较高、学生感兴趣的竞争性强的比赛或游戏，使学生忘记一切挫折烦恼，尽情地发泄，然后以更加饱满的热情、积极的心态投入学习、生活中去。

在高校心理健康教育中，为了实现培养学生的社会性情感品质和增强其情感调控能力的情感教育目标，情感教育应包括三个层次的内容：①情绪控制，即使学生学会控制激情方向、创造良好心境和锻炼应激能力。②情感引导，即将学生的热情和兴趣引导到有利于身心发展的方向上。③情操养成，即培养学生的道德感、理智感和审美感等。

（三）心理健康认知教育

对学生的认知教育一般可通过德育教育途径和心理健康教育途径来实施。在体育教学中，教师要有目的地从体育教材中挖掘有心理健康价值的相关知识内容，或根据教材的特点找寻一些资料，融入体育卫生、体育基础知识和保健知识的传授之中，认识和掌握心理卫生常识与心理保健知识，使学生了解并懂得健康不仅是躯体健康而还应包括心理健康、社会适应良好和道德健康等，满足这些条件才是完全健康的人，同时通过讨论、谈话等手段使学生能将学校的德育教育和心理卫生教育融会贯通，明确体育是将心智和躯体统一起来的最有效、最容易调控的教育方法，体育学习、体育锻炼的最重要的目标之一就是保持和增进学生的心理健康，激发运动学习动力，培养适度的体育学习心理状态，使学生能在较长时期内保持良好的心理健康状态，精神饱满地投入学习中。

（四）良好的性格和个性品质教育

性格是人对客观现实的稳定态度以及与之相适应的习惯化了的行为方式方面的心理特征。性格的形成是主体和客体相互作用的结果。每个人在社会实践中，通过认识、情感、意志等心理过程反映客观事物，并将自己的反映保存和巩固下来，形成个体一定的态度体系，并以一定的形式表现在个体的行为之中，构成个体一定的行为方式。可见，主体对现实的态度体系和行为方式，是性格的本质特点。

性格与人的思想品德是紧密联系在一起的。一个人如果不具备良好的性格，就谈不上先进思想和优秀品德的形成。要想顺利地开展品德教育工作，就要以成功的性格教育工作为基础。

性格与知识学习也有密切联系。相关研究发现，性格良好的学生一般都有正确的学习态度，他们能认真克服学习中的困难，对于生活中所遇到的不顺心的事也能妥善处理，不去斤斤计较。由于他们能把主要精力放在学习上，所以学习成绩较好。

性格教育的内容包括两个方面：一是培养学生良好的性格，二是帮助他们矫正不良性格。这两者可以统一在形成学生良好的性格结构之中。

良好个性的特征之一就是创造性发展，因此，个性的日益发展是社会发展的一种需要。从个性的形成过程来看，马斯洛认为，人的个性发展的最完善、最高级的形式，就是健康的个性。所谓健康的个性，从内部的心理机制来说，是一种与生理和谐发展的个性；从外部活动的效能来说，则是一种高效能的具有创造性的个性。因此，发展健康的个性十分必要。

体育活动对学生的个性发展具有积极的促进作用。体育活动是人的独立行为活动。社会心理学家认为，研究个性不能离开活动，人的个性在任何方面都不是先于人的活动而存在的，个性也和人的意识一样，产生于活动。在体育教学中，学生是活动的主体，学生不像在其他教学中那样，被固定在课桌前，他们可以在一个较为广阔的空间中尽情游戏、运动、竞赛，他们的身体直接参与活动，其思维活动与机体活动紧密结合，他们的个性可以充分地显示出来，并可以在活动中得到充分的发展。

体育运动是陪伴人一生的一项活动，它与人的关系的密切程度往往超过其他活动，因此，它对人的个性的塑造是长久和稳定的。一方面，个性有选择活动的作用；另一方面，运动又在改造着个性，尤其是对人的性格、意志、情感等心理特征和观察判断、思维等智力特征都具有重要的积极作用。同时，体育运动给学生提供了较多的选择机会，学生可以从中体验成功的喜悦和得到尊重的心理满足，从而证明自己的能力，增强其自信与自尊，使个性得到充分的调整和发展。

（五）意志品质的培养教育

培养良好的意志品质是高校心理健康教育的重要目标，高校心理健康教育的目标是帮助学生提高承受挫折的能力，培养良好的意志品质，即培养意志的独立性、果敢性、坚毅性和自制力等品质。

体育是以克服一定的困难和障碍为特征的身体活动。体育运动常常意味着竞争，意味着达到某一级运动水平或体育锻炼标准，而这一过程则要求学生付出努力与汗水。体育活动的激烈与艰辛，使参与者必须承受一定的生理负荷和心理压力，能磨炼人的意志，并让人为之付出极大的努力。

在体育教学中，通过体育锻炼培养学生的自觉性、主动性、果断性和勇敢顽强的意志品质，首先要为学生确定科学的目标，根据学生的体质现状、素质能力等实际情况，采取相应的教学方法和手段，每次练习都要讲求实效，使学生看到自己的进步，增强克服困难的自信心。其次要严格要求，在向学生提出要求时，指标必须明确合理，态度要严肃认真，这样有利于激励学生完成任务，同时注意准确把握学生的心理状态和不同个性特点才有可能被学生接受和理解，把目标转化为学生的自觉行为，从而克服困难，排除障碍完成任务。最后要善于利用教材的特殊性来磨炼学生的意志，如耐久跑能锻炼学生顽强的意志品质，体操能培养学生勇敢果断的作风，球类比赛能培养学生的独立个性和团结奋斗的集体主义思想，提高其应变能力等。

（六）耐挫能力的培养教育

所谓耐挫能力，又叫挫折的耐受能力、挫折承受力、挫折容忍力等，是指个体对挫折可忍耐、可接受程度的大小。人生的航程并不总是一帆风顺的，会遇到各种困难、阻碍和挫折。但怎样对待挫折以及对挫折的耐受能力如何，人与人之间存在较大差异。有的人能忍受较大的挫折，坚定不移，百折不挠；有的人稍遇挫折就意志消沉，颓废沮丧，一蹶不振；有的人虽然能忍受各种挫折，但却不能忍受自尊心所受到的伤害。如果学生面对挫折能忍受、能超越，有一

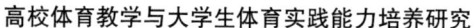

定的耐挫能力，其人格就会日趋成熟，其心理就会逐步进入一个健康而稳定的发展时期，反之，就会导致心理适应不良，乃至产生各种心理健康问题和越轨行为。正因为如此，耐挫能力的培养，成为高校心理健康教育的重要内容之一。具体内容包括：要使学生形成对待挫折的正确态度；要培养学生良好的意志品质；要培养学生对挫折的容忍力和对挫折的超越力。

（七）竞争意识与合作精神的培养

体育活动本身就具有竞争性的特点，在体育活动中，或是同时唤起竞争与合作的行为，或是交替地引起竞争与合作。体育活动以竞技抗争的形式和丰富多彩的内容吸引人们前来参与，在体育活动与竞赛的全过程中，始终贯穿着竞争、合作与奋发向上的精神。一些集体性的体育活动，由于抗争激烈，集体的配合性强，在活动中不仅要充分发挥参与者的身体机能、技术和心理的能力，而且需要大家齐心协力，默契配合，相互理解，才能取得一定的成效。因此，体育活动竞争与合作的特点，对培养学生勇敢进取的精神，激发个人动机，提高学习与工作效率，树立远大志向，形成健全的个性具有非常积极的作用。同时，通过这类体育活动，也可有效地培养现代人在竞争中善于与人协作共事的群体意识和团队精神。

（八）人际关系指导

人类的心理适应最主要的就是对人际关系的适应，人际关系是影响一个人的心理是否健康的重要因素之一。因此，人际交往对于大学生的健康成长具有特殊的意义。随着社会经济的发展以及生活节奏的加快，许多大学生越来越缺乏适当的社会关系，人与人之间的关系也趋向冷漠。

体育运动有利于大学生发展人际交往能力。体育活动是一种人与人之间相互交往的良好形式，能增加人与社会的联系。通过参加体育锻炼，会使个体社会交往的需要得到满足，从而丰富个体的生活方式，这有利于消除工作、学习和生活等带来的诸多烦恼，消除精神压力和孤独感。

体育运动使人们冲破隔阂和孤独，相聚在运动场，建立起平等、亲密、和谐的关系。学生在运动场上可以建立伙伴、朋友关系。体育活动不分地位、贫富、职业与年龄等，同时体育活动常超越世俗的界限，让人们平等而真诚地为一个目标而努力，为一场比赛而呐喊、兴奋、激动。孤独、分散的人们，在运动场上相聚，重建人际关系。在现代社会中，竞争是不可避免的，但人类还需要友谊、和谐与和平共处。体育运动中"理想的契约竞争关系"，为人类提供了一个摆脱困境的办法和重建人际关系的新模式。在体育竞赛中，良好的团队协作精神往往是比赛获胜的基础。所有这些都能使大学生的交往能力得到提高,人际关系得到改善。

人际关系指导的目的在于协调好人际关系。人总是在一定的社会群体中生活的,总是在不断的交往活动中从事工作、学习和其他社会活动的。人际关系状况如何,对于人们顺利地完成活动任务,对于集体的形成和巩固,对于个体德、智、体诸方面的发展,均有深刻影响。我们认为,对学生人际关系的指导内容一般应包括以下六个方面:①调整认知结构;②消除人际偏见;③加强个性修养;④掌握有关知识;⑤学习交往技能;⑥掌握调适策略。

二、高校体育教学渗透心理健康教育的方法

(一)科学地设定体育教学目标

体育教学作为实现高校体育教育目标的主要途径,是一种有目的、有计划、有系统的活动,其目的性、计划性、系统性主要反映和体现在教学目标上。体育教学目标是体育教学的方向和灵魂,它决定着教学内容、教学过程、教学方法、教学评价和教学效果,是影响教学全局的根本内容。

在"应试教育"大环境下的体育教学目标只简单地定位于体育知识、技能的传承和体质的增强,忽视了学生心理潜能的开发、心理素质的培养和心理健康的维护,而这正是它种种弊端产生的根源。因此,科学设定体育教学目标,将心理健康教育真正融入高校体育教育目标之中,是体育教学渗透心理健康教育,提高学生心理素质的前提条件。

(二)结合体育教学内容,加强学生心理健康教育

在教学活动中,结合体育教学内容,激发学生参加体育活动的热情,培养学生对体育活动的兴趣,调动学生学习的积极性,发展学生的智力,锻炼学生的意志品质,促使学生形成健康的情绪,提高学生的交往能力和环境适应能力。

(三)结合体育运动项目的特点,培养学生良好的人格品质

在体育活动中,结合体育运动项目的特点,加强心理引导,培养学生良好的人格品质;结合体育运动竞赛活动的特点,培养学生的竞争意识和团结、合作与进取的精神。对于学生而言,保持心理健康的一个重要途径是注意培养自己良好的人格品质,防止心理障碍与心理疾患的产生。

（四）营造良好的校园体育文化氛围，创造健康的教育环境

良好的校园体育文化氛围，丰富的体育文化活动可以使人心情舒畅，精神振奋，态度积极，生活充实。因此，在高校体育中，应开设体育选修课，成立大学生体育俱乐部，开展校际体育交流，创造良好的校园体育文化环境，为大学生的成长创造良好的教育与生活环境。

（五）提高体育教师的人格、德行修养，提升心理健康教育水平

提高体育教师的人格、德行修养，提升教师的心理健康教育能力与心理咨询、辅导水平，组建一支自身心理健康，懂得教育心理学专业知识，掌握心理辅导技巧和方法的体育教师队伍，这是高校体育开展心理健康教育，提高学生心理素质水平的有效方法与手段。

（六）提高大学生心理素质的教育方法

1. 设定教育目标，激发学生的求知动机

大学生的求知动机是学生开展学习活动的动力，对学习效果具有极其重要的作用。在体育教学中，如果针对大学生学习体育的心理行为特征确立体育教育目标，就能充分调动学生学习体育的积极性。在设定教育目标时，教师不要设定标准过高，甚至实现不了的目标，以免挫伤学生积极学习的心理。要向学生阐述学习体育的意义，把近期学习需要与将来从事工作的需要联系起来，把课堂体育教学与课外健身锻炼联系起来，把运动竞赛与维护集体利益联系起来，这样能有效地调动学生的生理与心理潜力，促进学习成绩的提高。另外，进行目标教育要充满竞争活力，多用正误对比、经验交流等形式，激发学生的求知欲望，以此帮助他们形成持久的正确学习动机。

2. 利用新异刺激，培养学生的创造能力

心理卫生学认为，大多数人都有心理上的"异性效应"，尤其是青年人更易在异性面前表现自己的聪明才能，努力克服和战胜自己的弱点。所以在体育教学中，教师应根据不同内容组织男女生合练。如上体育舞蹈课时可组织男女生对练；上田径课时可组织各种形式的跑、跳、投等练习；教学比赛时可让男女学生混合组队比赛，这样可使大学生在异性面前抑制自己的不良行为，弘扬良好的思想品质，培养并发展他们健康向上的人格。体育教学必须紧密地与健康教育相结合，对健康教育的重要性、必要性和紧迫性应引起高度重视，构建以学生为主体，以增进学生身心健康为核心的课程体系，改变传统以竞技体育

为中心的课程体系，注重教学内容的娱乐性、健身性、文化性和兴趣性，通过体育的特殊功能，提高大学生的心理健康水平。

现代体育教学不仅是体育知识、技能的传递过程，还是一种情感的交流过程。课堂知识、技能和情感在师生之间的双向流动，可以引起师生双方思想的共鸣。教师要抓住体育教学过程的这个特点，努力创设良好的教学情境。我们在选择教学内容和教法时，要考虑学生的体育兴趣、爱好和认识水平，注意突出一个"新"字。因为新异事物可以引起学生的探究欲，便于学生对体育知识、技能产生更高水平的追求。如果体育教学内容和方法枯燥乏味，长时间的单一刺激，会让学生产生逆反情绪，降低学习兴趣。只有采用新颖、实用、丰富的体育教学内容，生动、多样、活泼的教法，才能引起学生的注意，使学生不断地获得新的体育知识、技能。例如，在锻炼学生的下肢力量时，就可围绕活动身体这一部位的任务，创造出多种锻炼下肢力量的练习形式。这就要求体育教师不断更新知识，了解本学科发展的前沿信息，争取把最新的体育知识、技能带进课堂，利用体育知识教学的言语之趣、技术动作之趣、游戏和竞赛之趣来引导学生练习、思考、探索，努力培养学生的创造能力。

3. 组织教学比赛，培养学生的意志

体育比赛不仅是学生身体素质和运动技能的竞争，更是双方心理、智慧和意志的较量。激烈的竞争需要学生身体、认识、情感、意志等方面综合发挥内在力量进行工作，显然，它可以促进学生心理品质的发展。例如，在排球比赛中，某队学生为了争取主动权，在对方采取多变战术强力进攻的情况下，必须千方百计地运用耐力、速度、协调、灵活等素质，动员全身的力量来努力获得竞赛中的优势。与此同时，心理因素，特别是意志的力量起着巨大的积极作用，如意志的坚定性、果断性、勇敢、自信、自制力等的影响，可使行动计划付诸实践。没有坚强的意志，就不会在激烈、紧张的比赛中保持旺盛的斗志去争取比赛的胜利。因此，组织教学比赛是发展学生意志品质的最佳手段。

4. 巧用注意方式，调控学生的情绪

学生在体育活动过程中能调节和控制自己的情绪，用理智驾驭情感，而不做情感的俘虏，这是良好心理状态的表现。对正常的情绪可进行适当合理的宣泄，对不良情绪要控制。如在挫折面前，以对事物的理性认识来控制情绪，以其他有意义的活动来转移注意力，使情绪缓解。在失败面前宽慰自己以减少内心的失望，或以幽默的方式来超然洒脱地对待窘迫尴尬的场面。另外，当学生在运动练习中因情绪波动而心理紧张时，要教育学生摆脱心理压力，使学生适

当休息与放松。例如,采用心理自我调节训练,就是帮助学生进行心理与身体放松的好方法。

5. 运用迁移规律,培养学生良好的个性

体育学习迁移指的是在体育教学中使学生已经学到的知识、技能以及方法、态度等对学习新知识、新技能产生影响。例如,在篮球课中,当学生学会了双手胸前传球之后,就比较容易学会双手胸前投篮动作;如果学生已经掌握了联防战术,再学区域联防战术时就会更容易。这种运动技能的迁移现象叫作正迁移。反之,已经掌握的体育技能对学习新技能产生消极影响,阻碍新技能的掌握,就称为技能的干扰,又叫负迁移。在体育课上,教师正确运用技能迁移规律有助于顺利地完成教学任务。个性是学生精神面貌的具体表现,它的形成依赖于先天遗传因素,但主要还是靠后天的生活环境去培养和发展。每个人的生活情况不同,学生在心理上的个性表现也有差异。体育教学环境能够为学生提供发展良好个性品质的有利条件。例如,教育活动的内容不同,可以培养学生不同的个性能力,如运动感知能力、观察分析能力、注意力和丰富的想象力以及比赛情况下所形成的特殊性格特征、自信心、机智勇敢、协同作战等,这些都是促进学生个性发展的重要因素。

在体育教学中,运用迁移规律培养学生的个性品质,可以借助其他活动的心理动机,促使学生对体育产生直接兴趣;可以利用某学科的专业活动需要依赖体育的关系,把学习心理迁移到体育运动上,重点发展学生的身体素质;可以运用体育技能之间相互作用的正迁移规律,来培养学生的体育个性品质。类似这样的做法,我们只要掌握大学生心理和生理活动规律,积极进行科学教育、严格管理,就能有效地提高体育教学质量。

体育教学要加强培养和健全学生自尊自信、沉着果断、坚忍顽强、团结合作、开拓进取等品质,促进个性完善与人格健全,预防形成不良的心理品质,将体育与德育教育融为一体,充分发挥体育教师自身的言传身教作用,通过大学生的自我心理活动与体验来进行教育和培养,可采用自我说服法、锻炼体验法、榜样教育法、创设情境法、愉快体育法、游戏竞赛法等。将这些方法在实际教学中加以应用,可激活学生心理能量,优化心理环境。加强意志力的培养,在体育教学中可采用疲劳负荷法、竞赛提高法、自我强化法、日常教育法等来加强大学生个性心理品质的培养。教师可根据不同项目,从不同层次和角度促进大学生个性心理的健康发展。如田径、体操运动能培养学生坚韧、自制、果断、勇敢等意志品质;球类运动有利于学生形成爱集体、守纪律等优秀品质,并能在日常生活中与人和睦相处，在学习和工作中能与他人密切合作，克服个人主义，增强集体观念。

（七）体育教学中心理暗示的方法

1. 心理暗示训练的时机

运动心理学研究表明，以下几个时机进行心理暗示训练可以取得较好的效果。

①当学生或运动员学习难度较大的技术动作，产生紧张、焦虑和畏难情绪时，可以用暗示语使他们逐渐放松和保持镇定。

②当学生或运动员出现错误动作而且难以纠正时，可以用暗示语帮助其纠正错误动作。

③当训练内容枯燥、乏味，学生或运动员缺乏兴趣、感觉厌烦时，可以用暗示训练鼓舞情绪，激发学生或运动员的学习兴趣。

④当学生或运动员感到疲劳、情绪低落时，教师可以利用暗示训练，提高他们的情绪水平，并强化其意志品质。

⑤当学生或运动员的技术动作学习还没有达到动力定型的程度时，可以用暗示语配合动作练习强化他们对技术动作的学习，加速动力定型的形成。

⑥当学生或运动员注意力分散时，利用暗示训练帮助他们及时集中注意力于当前任务。

⑦当动作操作需要发力时，可以利用暗示训练，提示动作的发力时间点以及发力强度，帮助学生或运动员快速掌握发力的技巧。

2. 心理暗示的种类

（1）自我暗示

自我暗示是指让学生或运动员自己用一定的暗示语言调节自身植物性神经系统机能，使自己的心理和肌肉状态能更好地完成运动任务的要求。自我暗示是靠学生或运动员自己多次重复词语或一定暗示短语来实现的。例如，在比赛中运动员感到非常疲劳时，可以通过暗示自己"坚持、顶住"，来增强意志力，从而渡过难关。

（2）表情和体态暗示

表情和体态语言是体育教师或教练员与学生或运动员进行知识、技术和情感沟通的良好媒介。心理学研究表明，表情和体态语言在人际交往中传递了绝大部分的信息。例如，体育教师或教练员可以用赞许的表情，鼓励那些因胆怯而不敢做动作的学生或运动员；用皱眉和摇头表示学生或运动员完成的动作仍需改进；有节奏地挥舞手臂，来向学生或运动员暗示整套技术动作的节奏和韵律。

（3）环境暗示

体育教学与训练的环境直接影响着学生或运动员的学习效果。体育教师应该科学合理地布置教学场地，因地制宜地设计安全、舒适的教学场馆。例如，体育教师或教练员可以利用颜色对人的暗示作用，用红色等暖色调布置训练场，以提高学生或运动员的情绪唤醒水平；用绿色和蓝色布置训练场，可以使学生或运动员更加镇定。

（4）标志暗示

在体育教学与训练中，标志暗示既可以帮助学生或运动员形成良好的技术动作，提高其技术、战术意识，又可以帮助他们做好心理准备。例如，在排球场的不同区域用数字编号，以暗示和提高攻球队员攻球的变化性。

（八）体育教学中心理学评价的内容与方法

体育教学中心理学评价的基本观点是以人为本，以尊重学生的人格为前提，注重学生的身心发展，培养学生的自尊和自信，淡化学生之间的比较，帮助学生学会与学习目标和自己的过去进行比较，并在比较中客观地了解和评价自己，在教师的指导下设置合理可行的学习目标，从而为全体学生的自主学习创造机会和条件。体育教学中的心理学评价的目的是了解学生在体育学习过程中的心理活动及其行为表现，分析原因，发现学生的潜能，为学生提供展示自己能力、水平、个性的机会，使他们体验到成功的快乐，增强信心，提高自我认识、自我教育、自我发展的能力，从而获得进步和发展。因此，体育课堂学习过程的心理学评价的主要目的是激励和发展。

体育教学中心理学评价的激励目的是根据体育教学的要求，让学生通过对自己的体能、运动技能、学习态度、情意表现、人际关系、健康行为等方面的情况形成清醒而正确的认识，使学生发现自己进步和发展的潜力，激发参与体育活动的积极性，获得体育学习的成就感和自信。这种评价是面向每一位学生的评价，指向学生学习进步和努力的方向。

体育教学中心理学评价的发展目的是使学生认清其学习上的困难和症结，帮助学生取得学习的进步，调动学生积极向上的内驱力。这种评价也是面向每一位学生的，指向学生学习困难的和前进的方向。

1. 体育教学中心理学评价的内容

体育教学的心理学评价内容主要是评价学生在体育学习过程中的学习态度、情意表现、交往能力与合作精神。

（1）学习态度

学习态度作为一种对待学习的内部状态，影响着人对学习活动的选择，包括性质（方向）和程度两个维度。其中性质是指正确与错误、好与不好。每一种学习态度又有程度深浅、强弱的差别。学习态度的评价主要包括参与体育学习的积极性、为实现目标主动思考的自觉性和反复练习的主动性、运用所学知识和技能的灵活性等。

（2）情意表现

情意表现包括学生在体育学习中表现出来的情绪状态和意志品质。情绪状态主要包括学生在学习过程中对体育学习与活动的自信程度，在实现体育学习目标中的成功体验程度，在体育学习中的情绪稳定程度，运用体育活动手段较好地调控自己情绪的应用程度等。意志品质主要包括学生在体育学习中克服主观和客观困难时表现出的勇敢性、果断性、独立性、坚韧性和自制性等。

（3）交往能力与合作精神

交往能力与合作精神具体表现为理解和尊重他人，与同伴一起分析和处理体育学习中遇到的困难和问题，努力承担在小组学习和练习中的责任，与同伴齐心协力取得集体成功，以及遵守规则和尊重裁判等。

2. 体育教学中心理学评价的方法

体育课堂学习目标是在"过程"中完成的，学习态度、情意表现、交往能力与合作精神必须在"过程"中进行评价，否则毫无意义。因此，评价的方法必须多元化，集诊断性评价、形成性评价和终结性评价于一体。

在具体的评价方式上，评价学生的学习态度、情意表现、交往能力与合作精神可采用观察（行为记录法、评定量表法）、口头评定等方法。

（1）观察法

观察法是在自然的教育场景下，教师观察学生的行为表现，并加以评定的一种方法。在观察过程中，学生处于正常的活动之中，没有（或较少）产生任何压迫感，所收集的资料自始至终都是自然、真实的常态表现。因此，观察法可被用来客观地评价学生的学习态度、情意表现、交往能力与合作精神等。运用观察法应有周密的计划，并随时记录。常用的记录方法有行为记录法和评定量表法两种。

①行为记录法。行为记录法是指教师通过对学生学习行为表现的观察，随时做记录，用于评价学生的心理发展。这些学习行为表现可反映出学生对学习的态度、兴趣、情绪、意志、交往能力与合作精神等心理特征。教师将学生的学习行为随时记录下来，可采用横向评价的方法（比较同一组学生的心理特征异同），也可采用纵向评价的方法（过一段时间，再比较某一学生或某组学生在心理特征上是否发生变化）。

②评定量表法。评定量表法是针对各种行为的性质、特点，分别列出几个程度，用文字加以表述，从而形成评定量表。评定量表的设计分为两个部分，一是所要评定的该项行为特征的名称，二是评定时用的分点说明语。观察时，教师从这几项不同的描述中，选择与学生行为表现相符的一项，标上记号，并据此分析学生的行为特征。

一般来说，在使用评定量表法时，如果教师确定的行为特征过于抽象，就不好判断。因此，选择行为特征时应考虑可观察的外显行为，避免一些抽象术语，如同情心、自卑感、愧疚感等。

（2）口头评定法

口头评定法就是教师运用口头语言对学生在体育学习过程中的学习态度、情意表现、交往能力与合作精神等进行评定的方法。由于语言是人类交际的最普通的工具，也是体育教学中最常见的行为活动，所以口头评定法是体育课堂学习过程的心理学评价中最常见的方法，也是自己评定和同伴间互相评定的一种手段。

口头评定的用语要清晰、简洁、准确、生动、条理清楚、重点突出，并注意语言表达时的体态举止和面部表情动作，以便保持学生的注意状态和兴趣，启发学生的思维。

第四节　高校体育教学渗透心理健康教育的原则与策略

一、高校体育教学渗透心理健康教育的原则

（一）尊重原则

尊重原则是针对心理健康教育工作者对学生的态度所提出的原则。尊重就是指尊重学生的人格与尊严，尊重学生的权利，承认学生的独立性，承认学生与教育者在人格上的平等。贯彻尊重原则，要求教育者做到以下几点。

1. 信任学生

要相信每个学生都有独特的价值，相信他们具有可塑性和可改变性。师生间建立良好的信任关系可以更好地引导学生吐露自己的心声或烦恼，这有利于教师把握学生心理发展的现状，也有助于学生接受教师的教育或建议，更好地调节自己，重塑自我。

2. 平等地对待学生

现代教育思想认为，友好和睦的教育气氛是做好教育、教学工作的首要条件。心理健康教育只有在愉快、活泼、乐观向上的心理气氛中，才能有效地进行。在教育中，应避免用命令、训斥的方式对待学生，更不能采取强制手段去逼迫学生接受教育和训练，应该给学生以尊重，充分激发学生自身的潜能以体现人格价值。可以采取平等的互相谈心、互相切磋等方式，充分调动学生在心理健康教育中的主动性。

3. 关心爱护学生

在交往中要切实关心学生、爱护学生，通过教师的感情投入，激励学生主动弥补自身的不足，实现人生的价值。

（二）个别辅导原则

在教学过程中，要注意观察学生的心理状态，及时发现他们的心理问题并进行有针对性的个别辅导。学生在学习过程中，随时会表现出自己在学习态度、学习方法、人际关系、情绪状态等方面存在的问题，教师要善于从学生表面的行为问题中发现学生行为背后的心理问题，以做出准确的判断，并采取相应的方法，进行有针对性的辅导，这样才能帮助学生从根本上解决自己的问题。

（三）积极情绪原则

学生在课堂上的情绪状态，是学生参与课堂教学的重要指标，对其学习成绩有重要影响。学生以饱满的热情参与课堂教学，就会积极开动脑筋思考，课堂知识的吸收率与运动技能的掌握程度就高，从长远来看，就会得到教师和同学更多的尊重。一般来说，积极的课堂气氛是师生共同努力的结果。研究表明，教师的教学与领导方式、教师的热情、教师对学生的期望以及教师的焦虑是影响课堂气氛的主要因素。因此，在体育教学中，师生应保持积极的情绪，创设良好的教学环境。

（四）体验成功原则

教学不仅要让学生掌握知识和技能，还要让学生在学习和掌握知识与技能的过程中，体验到学习成功的喜悦，使自己变得更加自信，达到增进心理健康的目的。这是现代发展性教学的重要目标，也是增进学生心理健康的重要途径。贯彻体验成功原则，要求教师提出的要求是合理的，应因人而异，帮助学生确立适宜的教育目标，确保学生能通过教学获得成功。在这个教学过程中，要求教师去发现每个学生的禀赋、兴趣、爱好和特长，发现每个学生发展的可能性，并给予正确的指导和培养。

（五）民主自治原则

在体育课堂管理中渗透心理健康教育，主要体现为民主自治原则。它要求任课教师摒弃对课堂管理所持有的"压、训、罚"的错误观念，实行民主化管理，培养学生的参与意识和合作意识。以积极指导为主，消极限制为辅；标明恰当行为在先，奖惩在后。学生出现课堂行为问题，在处理时，要坚持正面教育为主。惩罚应就事论事，切忌把惩罚作为教师报复泄愤的手段，切忌滥施体罚。其目的是通过课堂管理培养学生自动、自发、自强、自律的能力，尽量消除引起课堂纪律问题的各种因素，维护和增进学生心理健康。

（六）实践原则

在体育课堂管理中渗透心理健康教育，体育教师要把心理学、教育学的理论知识用于体育教学的实践活动之中，并在教学活动中有意识地培养学生的心理素质，有目的、有计划地通过体育教学进行心理教育，主动在体育教学活动中探索心理教育的规律。

（七）整体原则

在体育教学中渗透心理健康教育，要贯穿于高校体育教学活动的始终。随着学生年龄层次结构的变化，心理素质培养的侧重点也有所不同，应做到一般能力与特殊能力协同发展，智力因素与非智力因素协调发展。

（八）反思原则

在体育教学中渗透心理健康教育，教师要不断进行反思，及时发现问题，主动进行调控，不断总结经验，寻找规律，有效地提高教学质量。

二、高校体育教学渗透心理健康教育的策略

（一）灵活渗透

在体育教学中渗透心理健康教育没有固定的方法。从教学设计取向来看，体育教学渗透心理健康教育可以以学生为中心，重视学生的人格塑造，促进学生的心理发展；可以以运动项目特点为中心，根据学生自身的特点，进行品德与意志力的培养；也可以以问题为中心，理论联系实际，帮助学生解决心理问题；还可以以活动为中心，加强心理训练，塑造学生良好的心理品质。从渗透的形式来看，有分散式与集中式、集体式与个别式、讨论式与讲授式等。从具体渗透的方法来看，有移情体验法、角色扮演法、认知矫正法、游戏法等。在不同取向的指导下，不同渗透形式和渗透方法的灵活运用便构成了不同的渗透策略。

（二）有机渗透

有机渗透是指在体育教学或体育活动中渗透心理健康教育时，要讲究时机和内容，即体育教师要根据体育教学的具体内容和这些内容所蕴含的可利用资寻找心理健康教育的合理渗透点，进行心理健康教育。一般来讲，每一堂课所要"渗透"的心理健康内容都应该是该堂课的教学素材中所蕴含的，是分内的、自然的，而不是脱离教材强加上去的，任何牵强的、贴标签式的心理健康教育都是不科学的，也是不合理的，任何为渗透而渗透的做法都是不可取的。

（三）适度渗透

所谓适度渗透，就是在体育教学活动中渗透心理健康教育应"适时有度"。所谓"适时"，就是在一节课的有限时间内，集中渗透心理健康教育的时间不宜过长（如一节 45 分钟的体育课一般只能利用 3～5 分钟时间）。因为在体育教学中渗透心理健康教育的目标是"次级目标"，体育课程本身的内在规定性目标才是"主目标"，因而不宜喧宾夺主。所谓"有度"，一是要注意渗透高度，即渗透目标不宜过高也不宜过低；二是要注意渗透梯度，即在了解学生个性心理及个性差异的基础上，尽量考虑各层次学生的可接受性及渗透的循序渐进；三是要注意渗透的效度，即教师要经常搜集学生的相关动态信息，适时调整渗透的策略，把握渗透的最佳时期。

第五节 体育教师心理健康对大学生心理健康的影响

一、体育教师心理健康对大学生心理健康的作用

在教师的素质中,教师的心理素质占有重要的地位。一名合格的教师,除具备良好的思想道德素质、业务素质、身体素质之外,还应具有诸如热爱、合作、愉快、乐观等健康的心理品质。教师心理健康的状况,会直接影响学生的行为,影响学生的身心成长。可以说,教师的心理健康是学生心理健康的先决条件。

(一)体育教师的心理健康有助于为学生提供观察模仿的良好榜样

古人云:"其身正,不令而行;其身不正,虽令不从。"榜样的力量是无穷的,学生的学习包括学习做人,可是他们的社会经历十分有限,需要具体可看的榜样,以便在参照模仿中学习。心理健康标准,也需要有榜样,学生最容易从模仿教师的行为开始。当然家长是学生最先接触的榜样,但是学生进入学校后,集中了人生最宝贵的学习时间,社会为他们提供了专门的榜样——教师,再加上学生本身具有模仿性强、好奇心盛、可塑性大的心理特点,教师便可以随时随地为其展示社会行为的修养范例、心理健康的范例,潜移默化地促进其发展,起到理论教育所起不到的作用。

(二)体育教师的心理健康有助于为学生创设良好的心理成长环境

教师角色的独特性,决定了教师在学生心理发展中的重要作用。心理健康的教师能够很好地设计促进学生健康发展的心理环境。一方面,教师可以依据学生所遇到的矛盾和冲突设计人工心理环境,指导学生解决问题;另一方面,教师也可以进行自我设计,其本身也是影响学生心理发展的一种教育资源。这两方面都可以创设出有利于学生心理健康成长的心理环境。

在学校里,教师与学生有长时间的面对面接触的机会,教师的言谈举止和教师的心境、情绪是整个教育环境的组成部分。如果教师的心理不健康,必然影响教育环境,从而影响到学生心理的健康成长。而心理失调的教师,不但在学习上不能建设性地帮助学生学好,而且必然对学生心理健康的发展起到消极作用。

（三）体育教师的心理健康有助于提高工作效率

心理健康水平较高的教师，在智力、情感、意志和个性等方面都得到正常的、健康的发展，形成了健全的人格，并能自如地运用自己的智慧去应付客观环境，使个体的心理倾向和行为与社会现实的要求之间关系协调，使个体与环境取得积极的平衡，这样，便会有利于个体的学习和工作，从而提高工作效率。

一个心理健康的教师能以正确的态度和方法来对待矛盾和处理问题，因而能尽快化解矛盾，有效、及时地解决各类问题，其工作效率必然高于心理不健康的人。

（四）体育教师的心理健康有助于协调师生关系

教师的心理是否健康不仅表现在教学工作中，而且会影响教师与学生的日常交往。实践证明，心理健康的教师往往能尊重、理解学生，平等地对待学生，建立民主、平等的师生关系和营造开放、宽松的学习氛围。因此，教师的健康心理能促使学生的生理、心理、行为全面、协调、健康地发展，能在宽松的氛围中使悲观的学生变得快乐，受挫折的学生建立信心，懒散的学生变得勤奋，内向的学生变得活泼，固执的学生变得灵活，从而建立起和谐的师生关系。如果教师的心理不健康，往往不能正确理解学生的心理、行为，往往会采取不合理的态度、方法来对待问题，会使师生矛盾更加尖锐，使学生的心理更难保平衡，这样会严重影响师生关系，甚至导致学生的心理失调。

二、体育教师的人格特征及其对学生心理健康的影响

人格是个体对人、对己、对环境中的一切事物所表现出的与别人不同的较稳定的独特个性与行为特征。健全的人格是合格教师必备的心理素质。教师的人格特征不仅影响教育、教学活动的效果，而且在很大程度上决定其能否有效地促进学生心理的健康发展。教师对学生的智力、社会性和情绪发展的影响，取决于教师的人格类型和其所教学生的人格类型。激情型教师自由散漫，不喜欢纪律约束，他们更注重学生的思想而不是学生本人，强调思考和推理的客观性，而且他们从不掩饰自己的情感冲动，这种类型的教师最适合教有心理安全感的学生；自控型教师强调纪律、活动计划，能理解学生，对学生热情友好，并对学生的情感变化非常敏感，这类教师的学生的焦虑程度比其他类型教师的学生的焦虑程度低，因此，这类教师相对来说适合教任何类型的学生；畏惧型教师容易焦虑，行为稳定性差，在遇到不确定的事件时似乎无法自主思考，与

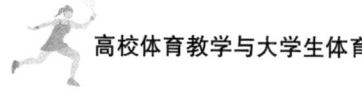

其他教师相比,他们的防御性更强,对自己的约束更严格,甚至苛刻,喜欢照章办事,不喜欢灵活变通,并且希望别人也像他们一样遵从纪律和规则,这种类型的教师容易诱发学生的焦虑和防御反应,教奋斗型学生的效果会稍好一点,但总的来说都不及前两类教师。由此可见,教师的人格特征对学生的影响是多方面的,是深远的。教师要意识到自己对不同的学生有不同的影响,对待性格不同的学生要用不同的方法,不能千篇一律。

教师要尽量避免在学生面前发脾气,否则不仅不能得到学生的尊重,而且很可能会使学生在遇到麻烦时也仿效教师,只知道发脾气,不能冷静下来,自控型的教师总的来说是最能积极影响学生的教师。为了提高教学效率,教师可以有意识地做一些事先并未周密计划的工作,这种工作需要当机立断的勇气和机智,这种体验和经历可以帮助教师增强自信心。畏惧型教师强调纪律和规则是因为他们在有严密组织的环境中才觉得安全。他们经常把精力花费在一些意义不大的小事情上(例如,要求每个学生都一成不变地模仿自己的讲授)而耽误了更有意义的学习活动。如何才能让教师既满足自己对纪律的需要,又不耽误更有意义的学习活动呢?希尔认为这类教师需要有人帮助他们掌握更好的教学方法和更引人入胜的教学手段。这样,他们就不必过分注意或依赖课堂纪律管理中的细微环节。教师还可以尝试这样的方法:在一般情况下,预先规定自己一节课大概花几分钟在组织纪律上,在上课的时候就提醒自己遵守预定的时间。具体的时间长短应该视情况而定。教师可以有意识地寻求成功体验,满足自己的成就感,以增强自信心,降低焦虑水平,也可以先在教学工作以外的活动中尝试无组织结构或者半组织结构的活动,再把这种体验和技巧迁移到教学工作中。

三、师生关系及其对学生心理健康的影响

良好的师生关系对学生的心理健康有重要意义,师生关系是教育过程中人与人之间最基本、最重要的人际关系,是教师和学生在教育活动中通过交往互动而形成的,对教育效果具有重要影响的特殊人际关系。良好的师生关系有助于师生之间加深理解、减少摩擦,增强师生之间的心理凝聚力,为双方的心理健康发展提供有利条件。大学阶段是学生一生中可塑性最强的时期。这一时期,学生的主要生活环境便是学校,因此,学校中的人际关系构成了青少年的社会经验和他们对社会中人与人之间关系的概念与情感的重要基础。在学校中,如果师生关系好,学生能处处感受到教师的爱,就可以培养学生的情感,使学生

学会待人接物的方法和技巧，养成热情合作的习惯，树立积极正确的世界观和价值观。走出学校后，学生也就能较容易地把这种关心他人的情感和行为迁移到其他社会环境中，处理好各方面的人际关系，减少压力和焦虑，维护自己的心理健康。相反，如果师生关系不好，学生觉得缺少爱和温暖，就容易在人性和人际关系等问题上形成不正确或片面的观念。这些错误的观念很容易使学生养成乖戾的态度，并把这种态度扩散到其他人际关系中。例如，学生如果认为教师歧视自己，对自己冷漠，就很可能以为社会也同样冷漠，因而对所有成人缺乏信心，对未来缺乏信心，并可能发展成对社会的反感和不满。总之，建立和谐的师生关系不是一时一事的事，教师应循序渐进，注意日积月累的功效，让学生体验到自己的热情和关怀。

四、体育教师心理健康对大学生心理健康的影响方式

（一）积极创造民主和谐的教学环境

民主和谐的教学环境以及友善的教学态度是预防学生产生各种心理疾病的良方。如果一位体育教师能为学生创造民主和谐的教学环境，让学生在轻松愉快的环境中学习，将有助于调动他们对体育知识和技能的热情与积极性，进而有助于学生形成良好的心理品质。相反，如果体育教师不尊重学生，用苛刻、讥讽、挖苦的方式对待学生，就会导致学生出现紧张、恐惧、担忧的心理，甚至出现不同程度的心理问题。

（二）因材施教，在体育活动中完善学生的性格

体育活动可以锻炼学生的意志品质，培养学生承受挫折的能力，提高学生的心理健康水平。对于意志力薄弱的学生，可要求其每天坚持锻炼，通过体育运动锻炼学生的意志，培养其坚定性和自我调控能力，进而使其养成理智而有条理的观念和习惯。对于身体有残疾的学生，应主动热情地帮助他们，最大限度地发挥他们的潜能，使他们像正常学生一样快乐地生活和成长，以促进他们适应能力的发展。对于过度肥胖的学生，应有针对性地对其进行健康教育，让肥胖的学生通过简便而有趣的体育活动，消耗多余的脂肪，进而养成每天锻炼身体的习惯，以达到强身健体、健康成长的目的。对于有学习困难的学生，教师可布置一些难度低、运动量小的活动，使他们通过努力独立完成任务，充分体验成功的快乐。

培养和发展学生的自尊心、自信心是形成健康人格的关键，也是教育与心

理指导的核心问题。体育教师要尊重和爱护学生的自尊心,信任每一个学生,鼓励学生享受完成任务的快乐和喜悦。另外,体育教师还应通过体育活动引导学生乐观积极地与他人交往,提高学生的人际交往能力。

(三)用良好的心理素质感染学生

体育教师与学生之间的直接交往较多,他们的言行举止会对学生产生重要影响,因此体育教师要注意自身的心理健康,以健康的人格、积极的情绪、乐观的态度感染学生,尊重学生的人格,对学生一视同仁、不偏不倚。相反,如果体育教师具有自卑、懒散、极度内向等性格,或对学生冷漠无情,随意惩罚学生,久而久之,就会使学生产生焦虑、恐惧等心理,会严重影响学生的身心健康。

(四)运用心理训练培养学生健康的心理

心理训练是采取具体的心理学操作方法,使学生适应对运动技能的学习,保持适宜的心理状态,促进身心健康的训练方法。它有助于发展学生的心理品质,调节心理活动的强度,有助于学生掌握和改进运动技能,消除疲劳,恢复体力。体育教师应熟练掌握心理训练的方法,根据具体教材和不同性别、年龄、性格的学生的特点,进行系统而有针对性的心理训练,提高学生的心理健康水平。体育教师还应熟练掌握相关的心理学知识,帮助学生分析以往的成功经验或教训,对学生的心理品质进行有意识的影响,进而培养学生健康的心理。

第六章　高校体育实践能力培养

第一节　篮球运动实践能力培养

  篮球运动是1891年由美国马萨诸塞州斯普林菲尔德市基督教青年会训练学校的体育教师詹姆斯·奈·史密斯博士借鉴其他球类运动项目设计发明的。起初，他将两只竹篮钉在健身房内看台的栏杆上，竹篮上沿离地面10英尺，约3.05米，将足球作为比赛工具，任何一方在获球后，利用传递、运拍将球向篮内投掷，投球入篮得一分，按得分多少决定比赛胜负。1892年，詹姆斯·奈·史密斯制定了《青年会篮球规则》13条，比赛时间规定为上、下半场各15分钟；对场地大小也做了规定；1893年，上场人数由每队9人、7人改为5人。随着篮球运动在美国国内的推广和开展，场地、器材也不断改进，逐渐形成近似现代的篮板、篮圈和篮网。

  由于篮球运动是一项室内富有吸引力的新颖的运动项目，不仅在美国国内得到很快的发展，而且相继传播到欧、亚、南美洲等一些国家。1904年，美国青年会男子篮球队在第三届奥运会上进行了表演赛。此后，篮球运动逐步在各大洲开展起来。1932年在瑞士日内瓦成立了国际篮球联合会，并正式出版了第一本国际篮球规则。1936年，第十一届奥运会将男子篮球列为正式比赛项目，篮球运动登上了国际竞技运动舞台，成为一项世界性的运动项目。

一、篮球基本技术与练习方法

（一）移动

  移动是队员在比赛中改变位置、速度、方向和争取高度时所采用的各种脚步动作的统称。

1. 基本技术

（1）起动

起动是队员在场上由静止状态变为跑动状态的一种脚步动作。突然快速起动在比赛中运用最多，是摆脱对方最简单、最有效的方法。起动时，前脚掌要短促而迅速地用力蹬地，使动作具有突然性。起动的前几步要小而快，同时上身迅速前倾或侧转，向跑动方向转移重心，手臂协调摆动，能在最短的距离内充分提升速度或以起动超越对方。

（2）变向跑

变向跑是队员在跑动中突然改变方向并加快速度来摆脱防守的一种方法。变向时，上身稍向前倾，同时右（左）脚前脚掌内侧用力蹬地，随之腰部扭转，上身向左（右）前倾，转移重心，左（右）脚向左（右）前方跨出一小步后，右（左）脚迅速向左（右）腿的侧前方跨出一大步，继续跑动。

（3）侧身跑

比赛时，队员在跑动中为了更好地摆脱或超越对手，同时观察场上变化接应队员，经常采用侧身跑。侧身跑时，头部和上身放松地向球的方向扭转，同时侧肩，脚尖朝着跑的方向，既要注意观察场上情况，又要保持奔跑速度。

（4）急停

跨步急停：队员快速跑动到最后两步时，先向前迈出一步，用脚后跟着地并过渡到全脚掌抵住地面，迅速屈膝，同时身体稍向后仰，转移重心，减缓向前的冲力。第二步着地时，身体侧转，脚尖稍向内转，用前脚掌内侧蹬地，两膝弯曲，重心落在两脚之间。

跳步急停：队员在近距离慢跑中，用单脚或双脚起跳（离地不高），上身稍后仰，两脚同时落地。落地时用前脚掌内侧着地，两膝弯曲，降低重心，保持身体平衡。

（5）转身

前转身：一脚从中枢脚脚尖前绕过移动为前转身。如向左做前转身时，左脚为中枢脚，右脚前脚掌用力蹬地，同时上身向左转动。

后转身：一脚从中枢脚脚跟后面绕过移动为后转身。如向右做后转身时，左脚为中枢脚，身体重心移到左脚，右脚前脚掌用力蹬地，同时上身向右转动。

（6）滑步

前滑步：由前后站立姿势开始，向前滑步时，前脚向前跨一小步，与此同时后脚用力蹬地向前滑一步，保持开立姿势。注意屈膝降低重心。

侧滑步：由两脚平行站立姿势开始，向左侧滑步时，左脚向左跨出，落地的同时，右脚蹬地滑动，跟随左脚移动，保持屈膝低重心的姿势。身体不要上下起伏，两脚不要交叉，重心要落在两脚之间。向右侧滑步时动作相反。

（7）后撤步

前脚掌内侧用力蹬地，重心后移，然后将前脚移至后脚的斜后方，紧接前滑步，保持防守姿势。

2. 练习方法

①基本站立姿势（面向、背向、侧向），进行听或看信号起动跑的练习。

②自抛或别人抛球后，迅速起动快跑，把球接住。

③成一路纵队，进行全场"之"字形急停急起练习。练习时，一队员急停变向后，第二名接上再做，依次进行。

④看手势做前、后、侧滑步练习，后撤步练习，全场"之"字形滑步练习。

⑤两人一组，一攻一守练习。

⑥两人一组，一人做各种变向、变速运球，另一人根据对方运球做相应的防守动作。

（二）运球

运球是篮球比赛中个人进攻的重要技术，是组织全队进攻战术配合的重要桥梁。运球练习可以提高控制球、支配球的能力。经常做各种运球练习，不仅可以提高运球技术，而且对传接球、投篮等技术也有很大的提升作用。

1. 基本技术

（1）急停急起运球

在防守较紧的情况下，运球前进时，可利用急停急起的变化来摆脱对手。

动作方法：在快速运球中，突然急停时，手拍按在球的前上方。运球急起时，要迅速起动拍球的后上方，要注意用身体和腿保护球。

技术要点：运球急停急起时，要停得稳、起得快。

（2）前变向运球

当对手堵截运球路线时，突然向左或向右改变运球方向，摆脱防守的运球方法。

动作方法：以右手为例。运球向右侧前进，遇到对手堵截前进路线时，右手拍球的右上方使球从体前弹向左侧。同时右脚向前跨，上身向左用肩挡住对手，然后换左手按球的后上方，左脚跨出，从对手的右侧继续运球前进。

技术要点：手、脚、肩、身体协调配合。

（3）虚晃运球

在对手堵截运球路线时，不换手横运球，改变球的路线，摆脱防守的运球方法。

动作方法：运球假动作突破是运球队员利用腿部、上身和头部虚晃，佯装运球动作迷惑对手，使其产生错误判断而做出抢球动作。当其一侧露出空隙时，立即运球突破，左晃右过，右晃左过。

技术要点：手拍按球的部位和拉拍球的动作要连贯。

（4）背后运球

这是在运球前进中，当遇到对手堵截一侧，而且距离较近无法采用体前变向运球时，所采用的一种运球方式。

动作方法：以右手运球，向左侧变向为例。变向时，右脚在前，右手将球拉到右侧身后。迅速转腕拍按球的右后方，将球从身后拍按至身体的左侧前方，然后用左手运球，左脚向前，加速前进。

技术要点：手拉拍球的右外侧，手、脚、腿及身体协调配合。

（5）转身运球

当对手逼近，不能用直线运球且体前变向运球突破时所采用的一种运球方法。

动作方法：变向时，左脚在前为轴，做后转身。同时，右手将球拉至身体的左侧前方，然后换手运球，加速前进。

技术要点：蹬地、转身和拉引球、拍按球动作协调。

（6）胯下运球

当防守队员迎面堵截，贴得很近时，用这种运球方法摆脱防守。

动作方法：以右手运球为例。变向时左脚在前，右手拍按球的右侧上方，将球从两腿之间运至身体左侧然后上右脚，换手运球，加速。

技术要点：拍按球的右侧上方，球从两腿之间穿过，上步、换手要协调。

2. 练习方法

①原地运球：听哨声或看手势，做各种运球练习，体会运球动作，增强手感，逐步提高控球能力。

②直线运球：分两组或多组，成横队站于端线处。第一组持球行进间高运球至另一端线，返回时换左手运球，然后将球交给下一组，轮流进行。

③变向换手运球：身后运球转身，每人一球，从端线的一边行进间"之"字形依次运到另一边。

④对抗练习：两人一组一球，全场一攻一防，进攻者采用各种运球方法，从一端攻到另一端，攻防交换。

（三）传球、接球

传球、接球是实现战术组织配合的纽带，它能把5名队员连成一个整体，充分发挥集体力量，体现篮球运动特点。巧妙准确地传球，能打乱对方的防御部署，创造更多、更好的投篮机会；若接到传球后直接投篮得分，则这个传球被称为"助攻"。稳定牢靠地接球，能弥补传球的不足，从而很好地完成传球、突破、投篮等动作。

1. 基本技术

（1）持球手法与传出后的手形

根据手的大小，两拇指八字或一字相对，手指展开拿球，手心不应触球。

（2）持球姿势与方法

持球基本姿势是可投、突、传的"三威胁"姿势。

动作要领：脚尖正对篮圈，前后开立，屈膝，背挺直，篮球放在胸前，抬头看防守及观察场上情况。

（3）传球技术与方法

传球由动作方法、球的运行路线和球的落点构成，这些是评价传球质量的重要指标。

①双手胸前传球。双手胸前传球是一种最基本而又最常用的传球方法。这种传球快速有力，可在不同方向、不同距离中使用，而且便于和突破、投篮等动作相结合。

动作方法：以基本姿势站立，双手持球，向传球方向迅速伸臂、抖腕，同时身体向传球方向移动。初次练习传球时，应向前跨一步以帮助传球。

技术要点：手臂前伸与手腕后屈的协调，伸臂与拨腕指的衔接。

②双手头上传球。双手头上传球出手点高，便于与头上投篮相结合，与突破、运球等技术结合使用时，更加大动作的幅度，所以它适合高大的队员使用。

动作方法：传球时应将球举过头顶，双手持球，球高过前额，目光集中在传的点上，双手朝向传球的方向，应意识到对手可能会封盖传球。通过抖动手腕将球传出，球就呈直线传到同伴手中。

技术要点：摆臂与拨腕指的衔接。

③单手肩上传球。单手肩上传球是最基本的传球方法，而且是经常运用的一种远距离传球方法。

动作方法：由持球基本姿势开始，右手腕向右肩处翻转，到达合适传球位置后，以肘关节为轴，借助下肢蹬转或腰腹转动的力量，顺势带动前臂的挥动。手腕、手指前屈，球通过指端旋转传出。

技术要点：展体挥臂和蹬腿与身体重心前移的协调连贯。

④单手体侧传球。这是一种近距离隐蔽传球的方法，外围队员传球给内线同伴时常用这种方法。

动作方法：持球经身体侧后方弧线向外伸展手臂，以肩为轴向前摆臂，当手臂侧伸较充分时，及时扣、拨腕指将球传出。

技术要点：体侧弧线引球，摆臂制动与拨腕指的衔接。

⑤反弹传球。这是最常用的一种近距离隐蔽传球方式，是小个队员对付高大防守者或中锋传球给往球篮方向切入的同伴的有效手段。

动作方法：双手掌心向下，置球于胸腹之间。用手指、手腕弹拨球传出。反弹点落于离接球队员三分之一处。反弹高度在腰膝之间。

技术要点：球速快，控制好击地点。

⑥单手体前侧传球。这是最常用的一种隐蔽传球方式，适用于各个位置。

动作方法：以"三威胁"姿势开始，余光观察自己同伴的位置，把握时机。传球时，摆动小臂，当球基本过了前胸时及时压腕、拨指将球传出。

技术要点：摆动小臂与压腕、拨指的连贯。

⑦单手背后传球。当持球者贴近防守者时用这种方法，一般在快攻结束和突破分球时运用。

动作方法：向背后引球时手肘稍上抬，上臂带动前臂摆动，当半球位于体后时及时拨腕指将球传出。

技术要点：摆臂与拨腕的时机。

（4）接球

接球就是获得传球的动作。良好的接球技巧能够弥补传球的不足。无论何种接球，都由伸臂迎球和缓冲握球等动作组成。接球时，要伸臂迎球，当指端触球的瞬间，手臂要顺势后引，屈肘缓冲来球的惯性后持球。有对手防守时，要先卡位再要球。接球后要随时做"三威胁"攻击姿势，并尽快衔接下一个动作。

接球的手法有以下两种。

①双手接球。两臂先伸出迎球,双手十指自然分开成半球状,手指指端触球瞬间,双臂随球缓冲来球的力量后,自然持球于胸腹之间,保持好"三威胁"的姿势。

②单手接球。五指自然分开成弧形并伸出手臂迎球,手指指端触球的瞬间顺势缓冲控球。同时,借助另一手的辅助成双手持球的"三威胁"姿势。

接球方法有以下两种。

①原地接球。包括迎、引、成基本姿势。迎:向来球方向伸臂或上步迎接球。引:在缓冲过程中将球带到所需部位。成基本姿势:下一个进攻动作的开始姿势,由接球点到腹前走一条向后向下的弧线。

②移动接球。跨停步接球:靠近来球方向的内侧脚跨步缓冲接球,后腿膝部内扣,斜撑制动。跳停步接球:收身稍跳起接球,双脚同时落地。

2. 练习方法

①原地对墙做各种传球、接球。

②两人一组做各种传球、接球。

③迎面传球、接球。

④行进间两人传球、接球:把队员分成人数相等的两组站在端线后,两人一组传球、接球、上篮,交给对面的另一组做同样的练习,然后排到队尾,交替进行。

⑤行进间三人传球、接球:练习方法同上,要求三人传球时,中间队员稍后与左右两名同伴成三角形队形,每次传球必须通过中间队员。

⑥三人"8"字围绕传接球:传球人始终从接球者身后绕切至前面接球。

(四)投篮

投篮得分是篮球运动所有技术、战术、技能的最终目的,是篮球比赛中唯一的得分手段。篮球所有的技、战术配合都是为了创造最佳投篮时机,提高命中率,因此投篮是篮球比赛的关键,是攻防对抗的焦点。

1. 基本技术

(1)投篮的身体姿势和持球方法

①投篮的身体姿势:两脚开立,与肩同宽或略宽。重心在两脚之间,保持重心平衡。两个膝关节要保持弯曲,上身要含胸直背,身体不能前后、左右摇动,目视投篮目标。肘关节的姿势是当投篮手举起时,手应放松地贴住自己的身体。

手和球举起后，肘关节适度外展，躯干与上臂、上臂与前臂、前臂与手腕都要成90°。

②持球方法：对于单手投篮，用投篮手的食指尖端接触球的平面中心部位。投篮手的拇指应该展开，与食指成60°，手指应有"握球"的感觉，手心自然空出。扶球时手扶球的一侧，手指全面展开到最大程度。

（2）投篮技术与方法

①原地投篮。原地投篮是比赛中应用比较广泛的投篮方法，是行进间单手高手投篮、跳起单手肩上投篮等技术动作的基础。原地投篮包括以下三种。

一是单手肩上投篮。动作方法：以投篮姿势用力蹬地，伸展腰腹，抬肘，手臂上伸，手腕、手指前屈，指端拨球，用中指、食指将球投出，手臂向前自然伸直。技术要点：全身动作协调，用力一致。

二是双手胸前投篮。动作方法：双手持球于胸前，肘关节自然下垂（不要外展），上身稍前倾，两膝微屈，身体重心放在两脚之间，目视投篮目标。投篮时，两脚蹬地，腰腹伸展，两臂上伸，两手腕同时外翻，指端拨球，用拇指、食指、中指投出，手自然伸直。技术要点：掌握好屈膝蹬地、腰腹伸展。手臂上伸与手腕、手指用力动作的连贯协调。

三是勾手投篮。动作方法：以右手为例，降低重心，上身向左倾斜，左脚用力蹬。技术要点：掌握身体重心，手腕和手指力量的控制。

②行进间投篮。行进间投篮是一种被广泛应用的投篮方法。一般在快攻中或切入篮下时运用，也可以在中、近距离投篮时运用。进行间投篮包括以下三种。

一是行进间篮下单手肩上投篮。这是快攻和突破到篮下时常运用的一种投篮方法，在比赛中命中率较高。动作方法：以右手为例，在跑动中右脚向前跨出一大步，双手迎前接球，左脚接着上一步，脚跟先着地迅速过渡到前脚掌起跳，同时双手举球，右腿屈膝向上抬配合左脚起跳。当身体到达最高点时，扣腕和手指拨球，柔和地将球投出。技术要点：接球、起跳、引球、扣腕、拨指协调配合。

二是行进间单手低手投篮。这是快速行进中超越对手后所采用的一种投篮方法。它具有速度快、伸展的距离远和便于保护球的优点。动作方法：以右手为例，在跑动中右脚向前跨出一大步，双手迎前接球，左脚接着上一步，脚跟先着地迅速过渡到前脚掌起跳，同时双手举球，右腿屈膝向上抬配合左脚起跳。当身体到达最高点时，左手离球，右手托住球的下部，手臂继续向球篮上方伸展,并以手腕为轴,手指向上挑球从食指尖投出。技术要点:助跑、接球、起跳、举球、挑球动作连贯协调。

③跳起投篮。跳起投篮具有突破性强、出手点高、不易防守、便于传球、突破和其他假动作相结合的优点,经常与移动、传接球、运球突破等技术动作结合运用。跳起投篮包括以下三种。

一是原地跳投。动作方法:以投篮姿势,在两脚用力蹬地向上起跳的同时,上身向上伸展,双手举球,当身体接近最高点时,右臂抬肘向上伸直,最后用手腕、手指的力量将球投出。落地时,双腿屈膝缓冲,准备下一个动作。技术要点:利用身体在空中最高点刹那间的稳定迅速出手。全身用力协调一致。

二是接球急停跳投。动作方法:在快速移动中接球,用跨步或跳步急停,突然向上起跳,迅速举球,当身体接近最高点时,前臂向前上方伸直,手腕前屈,手指拨球,通过指端将球投出。技术要点:急停时,步子要稳,连接起跳、身体腾空和投篮出手协调一致。

三是运球急停跳投。动作方法:在快速运球中,用跨步或跳步急停,突然向上起跳,迅速举球,当身体接近最高点时,前臂向前上方伸直,手腕前屈,手指拨球,从指端将球投出。技术要点:急停时,步子要稳,连接起跳、身体腾空和投篮出手协调一致。

2. 练习方法

①持球模仿投篮练习:成广播体操队形,体会原地或跳起投篮的手法和用力过程。

②接球急停跳投练习:两人一组一球,相距5米左右。一人跳起做投篮练习,一人接球急停后跳起模仿投篮练习。体会动作的衔接过程。

③五点定位投篮练习:三人一个球篮,用一个或两个球,篮下有人捡球,按五点顺序投篮或跳投,每个点投中三个球才能换下一个点,设计中或未中次数。离篮3~4米逐渐放远到5~6米,并逐渐加快速度,依次练习。

④罚球投篮练习:持球站在罚球线后,原地或跳起投篮。进一步体会投篮手法,协调用力和投篮出手角度。

⑤在三分线区域内做一分钟投篮练习:一人一球自投自抢,先3米远左右投篮,再把距离拉远进行投篮练习。

⑥行进间运球投篮练习:把队员分成两组,从中场开始做运球上篮。

⑦行进间全场传球投篮练习:三人直线传接球投篮,三人围绕跑动中传接球投篮练习。

(五)持球突破

随着篮球技术的发展,各个位置的队员都能熟练地运用持球突破技术。持球突破技术的发展主要表现为突然性强、速度快,与其他技术的结合非常紧密。持球突破后的各种运球和投篮更加具有攻击性。与假动作结合,可使突破防不胜防。

1. 基本技术

(1) 交叉步持球突破

动作方法:以将右脚作为中枢脚为例,突破时左脚先向左跨出一小步(假动作),而后,左脚前脚掌内侧用力蹬地,同时上身向左侧转,左肩下压,使身体向右前方跨出,将球引向右侧并运球,中枢脚蹬地上步继续运球超越对手。

技术要点:蹬跨积极,转体探肩保护球。

(2) 同侧步持球突破

动作方法:准备姿势和突破前的动作要求与交叉步相同。突破时,右脚向右前方跨出一步,向右转体探肩,重心前移,右手运球,左脚前脚掌迅速蹬地,向右前方跨出,突破防守。

技术要点:蹬跨积极,转体探肩保护球,第二次加速蹬地。

(3) 前转身突破

动作方法:以将左脚作为中枢脚为例,突破前的准备动作为背向球篮站立,两脚平行开立,屈膝,降低重心,两手持球于胸前。突破时重心移至左脚,以左脚为轴向前转身,右脚向球篮方向跨出,向左压肩,右手运球后左脚蹬地突破防守。

技术要点:移重心,蹬地运球动作连贯。

(4) 后转身突破

动作方法:准备动作与前转身相同,突破时以左脚为轴转身,右脚向右侧后方跨步,压肩,脚尖指向侧后方,右手向右脚前方放球,左脚前脚掌内侧迅速蹬地向球篮方向跨出,运球突破防守。

技术要点:重心平稳。右脚向右侧后方跨出,左脚掌内侧蹬地发力。

2. 练习方法

① 原地模仿练习。

② 运用假动作,做不同的突破技术练习,提高运用动作的变化能力和动作的变换速度。

③半场或全场一对一对抗比赛。两人一组一球，先由一方持球开始进攻，进攻时可以运用交叉步或突破上篮。如突破成功或投篮命中，进攻者继续进攻，反之则交换。

（六）个人防守

个人防守技术更具有攻击性。防守者降低重心，增大防守面积，充分利用自己的身体体重与灵活多变的脚步。对有球队员采用平步或斜步的紧逼攻击性防守，对无球队员采用错位防守。做到以球为主，球、人、区三位一体的防守。

1. 防守的基本动作

（1）基本姿势

两脚左右分开，一脚稍前，屈膝下蹲，重心在两脚之间。上身挺胸塌腰。一脚稍前比两脚平行站立更稳定，在突然后撤或向前时易于发力而不需调整。

（2）脚步移动

滑步：移动时先向移动方向蹬跨，跨步脚紧贴地面，然后蹬地脚紧贴地面并步。

后撤步：第一步蹬跨后撤要跨步完成，紧接滑步动作。

交叉步：是后撤步接追踪步的第一步（交叉）再接滑步的组合。

追踪步：是保持给对手一定压力的、重心稍低的侧身跑动作。

2. 防有球队员的基本动作

迅速调整防守脚步贴近对方，用手干扰对方，破坏对方的进攻动作。和进攻者保持一臂距离，降低重心，运球停止后，要迅速贴近，积极挥动手臂进行封堵。

（1）平步防守

两脚平行站立，重心置于两脚之间。降低重心，膝角约100°，两手臂侧伸，五指张开，两脚处于起动状态，膝关节内扣。

（2）斜步防守

两脚前后斜步站立，一臂上举，一臂侧伸。重心置于两脚之间，屈膝收腹。重心低于对方，两脚处于起动状态。

3. 防无球队员的基本动作

人、球、区兼顾，做到近球上，远球放，控制对手接球。防守强侧的无球队员时，采取面向对手侧向球的站位法，用眼睛的余光注意球。防守弱侧的无球队员时，采取侧向对手面向球的站位法，防止对手接球。

（1）在球、对手、球篮三点的夹角中间防守

动作方法：两腿稍屈，两臂自然下垂，保持放松机动姿势，侧对防守对象和球。根据对手离球和球篮的远近不断调整与防守对象之间的距离。

（2）绕前防守

这是一种在防守的人、球、球篮成直线或从篮下溜过时要采用的防守方法。它可分为挤绕和后转身绕两种。

挤绕的动作方法：后臂从上前伸下压同时后脚前跨。

后转身绕的动作方法：前臂屈肘，以前脚为轴向后转身。

绕前防守紧贴对手，一手后伸掌握防守对手的移动。

技术要点：快速移动中身体姿势和重心的稳定；人和球兼顾。

（3）贴身防守

这是一种在对手接近球篮时要采用的防守方法。

动作方法：两脚斜步防守，一手屈肘顶住对方腰部，一手前伸干扰对方传接球。

（七）抢篮板球

在篮球比赛中，抢篮板球是获得控球权的重要手段之一。

1. 基本技术

（1）抢进攻篮板球

根据自己在场上所处的位置，及时判断出球反弹的方向，快速起动，摆脱防守，抢占有利的位置。采用单脚或双脚起跳，腾空后身体和手臂充分伸展，及时调整重心，进行投篮或将球传出。

（2）抢防守篮板球

攻方投篮时，防守队员应根据自己与进攻队员之间的不同距离，采用不同的挡人方法。然后根据球反弹的方向，及时转身，抢占有利位置，跳起用单手或双手迅速将球抢下来。落地后持球远离对手，便于及时传球或运球。

2. 练习方法

①原地起跳抢球练习。自己向上抛球，然后双脚起跳，在最高点处将球抢下来。落地屈膝缓冲。体会起跳、空中抢球和落地动作。

②两人一组一球，一人站在罚球线处，传球给篮下的队员。篮下队员接球后把球向篮板上抛出碰板。罚球线处的队员上步用双脚或单脚起跳抢从篮板上反弹起来的球，抢下后把球投进篮圈。数次后交换。

③抢罚球篮板，双方按照比赛中罚球的方法进行站位，确定甲方其中一人执行罚球，甲方的另外四人和乙方分别站在分位线后。当投球碰板或碰圈弹起瞬间，双方即冲抢篮板球。如投篮命中，则换由甲方的另一名队员罚球；如投篮不中，由抢得篮板球的队罚球。

二、篮球基本战术

（一）战术基本配合

1. 进攻战术基础配合

（1）传切配合

这是指用传球和切入技术组成的简单配合。

（2）突分配合

这是指进攻队员持球突破防守队员向篮下切入，遇到防守方另一队员补防时，将球传给因对方补防而漏防的同伴，或传给转移到指定的配合位置上的接应同伴的简单配合方法。

（3）掩护配合

这是指进攻队员以自己的身体采取合理的动作挡住同伴防守者的移动路线，使同伴借以摆脱防守的一种方法。根据被掩护者的不同方位可分为侧掩护、前掩护和后掩护。

（4）策应配合

一般是指处于内线的队员背对或侧对球篮接球，由他充当枢纽与外线队员配合而形成的一种里应外合的方法。

2. 防守战术基础配合

（1）挤过配合

在对方进行掩护配合时，防守者为了破坏对方的掩护，在掩护者临近的一刹那，主动靠近自己的对手，并从两个进攻队员之间侧身挤过去，继续防住自己的对手。

（2）穿过配合

在对方进行掩护配合时，防守掩护的队员主动后撤一步，让同伴从自己和掩护队员之间穿过去，以便继续防守自己的对手。

（3）交换防守配合

这是为了破坏进攻队员的掩护配合，防守队员及时交换所防对手的一种配合方法。

（4）"关门"配合

"关门"配合是临近的两个防守队员协同防守突破的配合方法。

（二）全队战术配合

1. 全队进攻战术配合

（1）进攻半场人盯人

常采用内线、外线结合，积极穿插、换位，连续掩护等基本手段，制造中投或篮下投篮等各种机会。常采用的队形有："2—1—2"（单中锋进攻法）、"1—2—2"（双中锋进攻法）、"8"字掩护进攻法、移动进攻法等。

（2）进攻区域联防

进攻区域联防的方法有很多，可根据本队的具体情况和对方联防的形式确定阵式和配合方法。其目的在于攻击对方区域联防的薄弱环节。如"1—3—1"进攻队形布局是针对"2—1—2"和"2—3"区域联防而组成的，"2—1—2"进攻队形布局是针对"1—3—1"区域联防而组成的等。

2. 全队防守战术配合

（1）半场人盯人防守战术配合

这种战术配合是进攻队进入防守队的后场后，防守队立即迎上积极盯住各自的对手，同时进行集体协同防守。基本战术要求是"以人为主，人球兼顾"和"有球紧，无球松"。根据对手的具体情况（如个人特点和离球、离篮的远近），抢占有利位置，积极移动，进行抢、堵，控制对手的行动，破坏对方的进攻配合。半场人盯人防守分松动和扩大两种形式。一般来说，对外围中投不太准而篮下攻击力量较强的对手，采用"松动"形式，反之则采用"扩大"形式。

（2）全场人盯人防守战术配合

全场人盯人防守是一种积极主动、富有攻击性的防御战术。在进攻转为防守后，立即在全场积极地阻挠对手移动、接球和投篮。这种战术不仅能破坏对方有组织、有计划的战术配合，而且能促使对方失误。目前，常用的全场人盯人防守队形有"1—2—1—1""2—1—2""2—2—1"等。

第二节 排球运动实践能力培养

排球运动是一项两队对抗，每队6人，分两排站位，以中间球网为界，根据规则以身体任何部位击球过网而决定胜负的球类运动。

排球运动于1895年由美国人威廉·摩根发明，最初是在室内球网两边将篮球拍来拍去使球不落地的一种游戏。排球运动经历了多种发展形式，最初为16人制排球（每排4人，按4排站位），后来演变成12人制（每排4人，分3排站位）和9人制（每排3人，分3排站位），以及现在的6人制排球。因为它是按排站位打球的，所以中国人称之为排球。

1947年4月，国际排球联合会在法国巴黎成立，现在已成为拥有178个会员国的体育组织。1949年首届世界男子排球锦标赛在布拉格举行。1964年，排球运动被正式列为奥运会比赛项目。目前世界性的比赛有：世界排球锦标赛、世界杯排球赛、奥运会排球赛和世界排球联赛。

一、排球基本技术和练习方法

排球技术有两种：一种是无球技术，包括准备姿势、移动、起跳及各种掩护动作等；另一种是有球技术，包括发球、垫球、扣球、传球和拦网等。

（一）准备姿势和移动

准备姿势和移动是排球运动中各项技术的基础技术。任何一项排球技术在比赛中运用的效果，在很大程度上取决于准备姿势和移动技术。

1. 准备姿势

两脚支撑的位置：两脚左右开立，略比肩宽。站左半场的队员，左脚在前（约一只脚的距离），右脚在后；站右半场的队员，右脚在前，左脚在后；站在场中央的队员，两脚平行开立比肩稍宽。

身体基本姿势：双目注视来球，两膝弯曲并内扣，膝部的垂直面超出脚尖，脚跟提起，身体重心的着力点在前脚掌拇趾根部，上身前倾，两肩的垂直面超出膝部。

手的位置：两臂自然弯曲，并置于胸腹之间，两手心相对，手指自然张开。

2. 移动

移动是接好球的重要条件。无论任何方向的来球，身体必须面对来球方向。

因此，要尽快地移动到达有利位置，做好接球前的准备姿势。经常采用的移动步法有滑步、交叉步、跨步、跨跳步、跑步、后退步等。

3. 练习方法

①学生集体做准备姿势，强调两脚的位置。
②原地跑或慢跑中，根据教师发出的信号，迅速做准备姿势。
③学生在准备姿势的基础上，看教师的手势做向前、后、左移动的动作。
④两人一组，一人抛球一人按步法要求移动接球。
⑤各种形式的移动接力。

（二）发球

发球是比赛的开始，同时也是进攻的开始。现代的发球技术已越来越具有强大的攻击能力。攻击力强的发球不但可以直接得分，更重要的是可以破坏对方的接发球，削弱其进攻威力，减轻我方的防守压力，从而取得比赛的主动权。

1. 基本技术

所有发球技术的动作结构都是相同的，但不同的发球技术又有不同的技术特点。发球技术的动作结构可以分为准备姿势、抛球、击球手形、挥臂击球四个技术环节。发球的种类很多，不管采用哪一种发球方式，要想把球发好，必须注意以下几点：第一，抛球要稳。抛球是基础，要求掌心向上平稳地把球抛起。每次抛球的高度和身体的距离应基本固定。第二，挥臂要快。手臂的挥动速度与球的飞行速度成正比，手臂挥动快，则球的速度快。第三，击球要准。用力方向必须和所要发出球的方向相一致。第四，正确的手法。击球手法不同，发出球的性能也不同。不同的发球种类应使用不同的击球方法。

（1）正面下手发球

这种发球简单易学，失误率较小，但速度慢，力量小，攻击性差，适合初学者。发球前，面对球网，两脚前后站立，左脚在前，右脚在后，两膝微屈，上身前倾，左手持球置于腹前，右臂自然下垂。发球时，左手将球在体前右侧抛起，离手20～30厘米。在抛球的同时，右臂向后摆动。击球时，右脚蹬地，身体重心前移，右臂伸直，以肩为轴，向前摆动到腹前，用虎口或掌根击球的后下部。随着击球动作重心前移，迅速入场。

（2）侧面下手发球

准备姿势：左肩对网站立，两脚左右开立，与肩同宽，两膝微屈，上身稍前倾，重心落在两脚间或稍偏右脚，左手持球置于腹前。

抛球：左手将球抛至胸前，约离身体一臂之远。

击球：在抛球的同时，右臂摆至右侧后下方，手指微屈，利用右脚蹬地和向左转体的力量，带动右臂向前摆动，在腹前用全掌击球的后中下部，将球击出。击球时，手臂要伸直，眼睛要看球。

（3）正面上手发球

发球前在发球区选好位置，面对球网站立，左脚在前，右脚在后，重心落在后脚上。左手持球置于胸前，观察对方的站位布局，选定最佳落球点。

发球时左手将球平稳地向右肩的前上方抛起，高度适中。在抛球的同时，右臂抬起，并屈肘后引，五指并拢，指尖朝上，手腕保持一定的紧张度。

击球时利用蹬地转体的动作带动手臂有力地向前上方挥动，重心随之移至左脚，以手掌根击球的后中下部，击球的力量要集中、迅猛，击球的作用力通过球的重心使球不旋转地向前飞行，击球结束时手臂要有突停动作。击球后，右脚随着击球动作自然前移，迅速进场。

（4）勾手大力发球

这种发球的特点是力量大、弧度平。由于球向前旋转，加快了球的下落速度，容易使对方措手不及，有较强的攻击性，但这种发球需要很好的体力，技术要求高，掌握不好容易造成发球失误。

发球前左肩对网站立，两脚开立与肩同宽，两膝微屈，重心落在两脚之间。双手持球于腹前。发球时，双手将球平稳地抛至头的左前上方，高约1米。在抛球的同时，右腿稍屈，重心移至右脚，上身向右倾斜并转动，同时右臂向右后方摆动，抬头看球。随着右腿用力蹬地，利用挺胸及转体的动作带动手臂向上挥击。

击球时迅速收胸、收腹、转体，身体的重心移至左脚。击球的手臂要伸直，并要协调、自然地向上做弧形摆动，击球的手掌应放松，用全掌击中球的后下部，并利用手腕的推压动作使球向前旋转。球发出后，顺势迅速进场。

2. 练习方法

①徒手练习。按照动作方法要领，让队员做徒手模仿练习，或做击固定球练习。

②抛球练习。右手持球练习向上抛起（掌心向上，平稳抛起，球不旋转）。根据发球的性能，抛球的高度和落点要合适。

③两人一组短距离不上网对发。

④抛击配合练习。近距离对墙发球，体会发球时抛球与击球的配合。

⑤上网发球。两人一组隔网对发,距离由近到远,体会击球用力和动作连续性。

⑥分两组端线后发球比赛,看哪一组积分多。

(三)垫球

垫球是排球的基本技术之一,是接对方进攻性击球的主要技术动作,是组织进攻和反攻战术的基础。因此,提高垫球技术的熟练程度和运用能力,是争取胜利的重要条件。

1.基本技术

(1)正面双手垫球

适合接速度快、弧度平、力量大、落点低的各种来球,在接发球和后排防守时广泛采用,是各项垫球技术的基础。

准备姿势:做好准备姿势,迅速判断,及时移动,正面对准来球方向。

击球手形:两手掌根紧靠,两手手指重叠合掌互握,两拇指平行。两臂自然伸直,手腕下压,小臂外展,手腕关节以上的前臂形成一个垫击的平面。

击球动作:蹬腿提腰、含胸提肩、压腕抬臂等动作密切配合,手臂迅速插入球下,将球准确地垫在手腕以上10厘米的小臂上。击球时,两臂保持平衡,身体和两臂自然地随球伴送,以便控制球的落点和方向。

手臂角度:手臂角度对控制球的方向、弧度和落点有很大影响,应根据垫球距离和反射角等于入射角的原理加以调整。

正面双手垫球应掌握插、夹、提三个动作要领。插:两臂伸直,插到球下。夹:两臂夹紧,含胸收肩,用两前臂的平面击球。提:提肩送臂,身体重心随出球方向前移。垫击过程中要做好移、蹬、跟三个环节。移:快速移动,对准来球。蹬:支撑平稳,两腿蹬起。跟:随用力方向,腰紧跟。

(2)体侧垫球

来球飞向体侧而来不及移动对正来球时,要采用侧垫。侧垫时切忌随球伸臂,这样会造成球蹭手而向侧方飞出,应先用两臂到侧方截击来球。还应注意两臂不要弯曲,以保持击球平面,否则会因手臂不直或两臂间距离太大而垫不好球。

(3)背垫

背垫就是背向出球方向击球。背垫时,要清楚出球的方向、距离。用力时,要抬头后仰,两臂伸直向后扬臂。

2. 练习方法

①徒手模仿。先做原地垫击模仿动作,然后做徒手移动后垫击模仿动作。

②垫固定球。一人双手持球于胸前,另一人原地或移动后用垫球动作击球,体会手臂击球部位和全身协调用力。

③两人一组,一抛一垫。两人距离由近到远,先是一人抛,一人原地垫,然后是一人抛,一人移动垫。

④对墙连续自垫。对墙垫时,要求手臂角度固定,用力适当,控制球的高度,用蹬腿动作发力,注意身体协调用力。

⑤转换方向垫。三人一组成三角形,一人抛球,一人变方向垫球,另一人接球或传球给抛球者,循环往复。

⑥二人相距 7～8 米,一发一垫。

⑦二人相距 5～6 米,第一次把球垂直垫起,第二次把球垫给对方,连续进行。

⑧三人一组相隔 10 米以上,一发一垫一调,做若干次轮转。

(四)传球

传球是用手指和手腕的弹力进行上手击球的技术动作,是排球最基本、最原始的击球方法。在比赛中主要用于衔接防守和进攻,可广泛用于接发球、二传等。

1. 基本技术

传球的方式很多,有正面传球、背传、侧传、跳传等。其技术环节可分为准备姿势、迎球、击球点、手形、击球时的用力几个部分。

(1)双手正面传球

准备姿势:正面对准来球,两脚开立,比肩略宽,一脚在前,两脚尖适当内收,脚跟稍提起,两膝稍屈。两肩放松,眼睛注视来球,两手置于胸腹前。

手形:两手手指自然张开,掌心相对,手指微屈成半球状,手腕稍后仰,以拇指、食指、中指托住球的后下部,无名指和小指在两侧辅助控制传球的方向。

击球时的用力:传球时,利用蹬地、伸膝、展体和伸臂的动作,以拇指、食指、中指发力,无名指和小指控制住球的方向。触球的瞬间,手指和手腕应保持一定的紧张程度,用手指和手腕的弹力以及身体和手臂的协调力量将球传出,用力一定要协调一致。传球距离较近时,用手指、手腕的弹力较多;传球距离较远时,必须加大蹬地展体的力量。

（2）背传

背传是传球的基本方法之一。在比赛过程中，使用背传技术能达到出其不意、迷惑对方的目的，使战术多样化。

准备姿势：上身比正面传球时稍直立，身体重心稳定在两脚之间，双手自然抬起，放松置于脸前。

迎球：双手上举，挺胸，掌心稍向上，手腕稍后仰。

击球点：保持在额上方。

手形：与正面传球相同，拇指托球的后下部。

击球时的用力：利用蹬地、上身后仰、挺胸、展腹、抬臂及手腕和手指的弹力将球向身体后上方送出。

（3）侧传

身体不转动，主要靠双臂向侧方伸展的传球动作叫侧传。侧传有一定的隐蔽性。侧传的准备姿势、迎球动作与正面传球相同，击球点保持在脸前或稍偏于出球方向一侧。传球手形与正面传球相同，但倾向出球一侧的手臂要低一些，另一侧则要高一些。用力时，蹬地后上身要向出球方向倾斜，双臂向传出一侧用力伸展。

（4）跳传

跳起在空中做传球动作叫跳传。跳传有原地跳、助跑跳、双足跳、单足跳等动作。起跳最好是向上垂直起跳，不宜向前或向侧冲跳。起跳的关键是掌握好起跳时机，起跳过早或过晚都会影响传球的质量。

起跳后双臂上摆至脸前，身体在空中保持平衡。当身体上升到最高点时，靠伸臂动作和手腕、手指的弹力将球传出。

2. 练习方法

①徒手模仿传球动作。做好准备姿势、蹬地、伸臂，模仿传球推击动作，体会动作过程。

②体会击球点与手形。每人一球按照传球的击球点与手形，摆在额前，然后另一人将球拿掉，看击球点位置是否合适，手形是否正确。

③传球的协调用力。两人一组，持球人拿球在合适的击球点做好传球的手形，另一人用单手压着球，持球者用传球动作向上推送球，体会全身协调用力。

④贴墙传球。每人一球，贴墙站立，用传球手形拿好球，肘关节贴墙，用传球动作向墙传球，体会传球手形、击球点和手指、手腕的传球用力。

⑤对墙传球。距离由近至远，体会传球用力。

⑥向上自传。个人进行，先原地传，后移动传；先传低球，后一高一低传。

⑦两人一组，一人抛球，另一人传球。先抛准球，让传球人原地传；后两侧抛球，让传球人移动传。

⑧两人对传。可以一固定，一移动，或自传一次，再传给对方等。

⑨跑动传球。三人或三人以上成纵队跑动传球。

二、排球基本战术

战术是指比赛双方运用进攻与防守的对抗，并结合临场变化，合理地运用技术，有组织、有针对性地配合行动。一个球队的战术水平往往反映着该队的技术水平，因为只有全面、准确、熟练地掌握了基本技术，才可能形成战术。排球基本战术分为个人战术和集体战术两种。

（一）阵容配备

阵容配备是合理地搭配本队队员的一种组织手段。阵容配备有三种形式。

"三三"配备：由三名进攻队员和三名二传队员组成，此种形式的战术形式简单，攻击力弱，适合初学者。

"四二"配备：由两名主攻队员、两名副攻队员和两名二传队员组成，队员分别对角站立。这种阵容配备便于采用"中一二"和"边一二"进攻战术。前排始终保持两名进攻队员和一名二传队员，这样能够组织多种战术配合，充分发挥本队的进攻力量。

"五一"配备：由一名二传队员和五名进攻队员组成，这种配备形式攻击力强，能组织多种战术体系。二传队员在前排时，可采用"中一二""边一二"进攻战术。二传队员在后排时，可采用插上战术，保持前排三点进攻。具有一定水平的队多采用此种阵容配备。

（二）交换位置

为了弥补某些轮次进攻和防守力量的搭配及阵容配备上的某些缺陷，以便有效地组织攻防战术，规则允许在发球击球后，双方队员可以在本场区内任意交换位置。交换位置的主要目的是充分发挥每个队员的专长，以取得扬长避短的效果。前排队员之间的换位，主要是为了便于进攻战术的实施和拦网实力的调整。前后排队员之间的换位，主要是为了保持前排三点进攻。后排队员之间换位，是为了加强后排重点部位的防守。

（三）信号联系

排球运动是一个集体项目，在实施快速多变的进攻战术时，必须通过信号联系才能统一行动。一个队的战术信号力求简单、清晰、明了。

语言信号：使用语言直接进行联系。

手势信号：通过事先约定的各种手势，进行规定的战术配合。

落点信号：将起球后的落点作为发动某种进攻的信号。

综合信号：以手势信号为主，辅以语言信号、落点信号以及教练员的暗示等。

（四）"自由人"运用

合理地选择并运用"自由人"是战术运用的一个方面。"自由人"专司接发球和后排防守，其上下场之间只需经过一次发球比赛过程，换人不计为正规换人次数，且次数不限。因此，选择接发球和后排防守技术高超的队员作为"自由人"，能大大提高全队的防守水平。"自由人"还可在前排进攻、拦网队员体力下降需要休息，并轮到后排时替换上去，所以，合理地运用"自由人"，能大大提高全队的进攻水平。

第三节 形体训练

形体训练是以身体练习为基本手段，匀称和谐地发展人体，塑造体形，培养正确优美的姿态和动作，增强体质，从而使人体形态更加优美的一种运动方式。形体艺术训练则是以人体科学为基础的形体动作训练，是以提高练习者形体的灵活性和艺术表现力为目的的形体技巧训练。它既注重外在美的训练，又注重内在美的陶冶。练习者在旋律优美的乐曲伴奏下，经常性地进行形体艺术训练，可使身心得到全面发展，有利于形成健美的体态和高雅的气质，使其形体富有艺术魅力。

形体训练内容丰富，形式多样，从运动方式来看，其训练内容包括徒手练习、持轻器械练习、专门器械上练习三大部分，其中徒手练习又分为基本姿态练习、基本动作练习、把杆练习。

一、人体运动的方向与方位

（一）基本方向

人体运动的基本方向是根据人体直立时的基本方向确定的。

向前：指朝着胸部所对的方向运动。

向后：指朝着背部所对的方向运动。

向侧：指朝着肩侧所对的方向运动。

向上：指朝着动作开始时头部所对的方向运动。

向下：指朝着脚底所对的方向运动。

（二）中间方向

中间方向是指两个基本方向之间45°的方向，主要说明上、下肢动作的方向。

1. 前、后与上、下基本方向之间45°的方向构成的中间方向

前上：手臂前举与上举之间45°的方向。

前下：手臂前举与下垂之间45°的方向。

后上：手臂后举与上举之间45°的方向。

后下：手臂后举与下垂之间45°的方向。

2. 侧与上、下基本方向之间45°的方向构成的中间方向

侧上：手臂侧举与上举之间45°的方向。

侧下：手臂侧举与下垂之间45°的方向。

3. 侧与前、后基本方向之间45°的方向构成的中间方向

侧前：手臂侧举与前举之间45°的方向。

侧后：手臂侧举与后举之间45°的方向。

（三）斜方向

斜方向是指两个中间方向之间45°的方向。

前斜上：前上与侧上之间45°的方向。

前斜下：前下与侧下之间45°的方向。

后斜上：后上与侧上之间45°的方向。

后斜下：后下与侧下之间45°的方向。

（四）四肢相对的方向

向内：指四肢由两侧向中线的运动。

向外：指四肢由中线向两侧的运动。

同向：指不同肢体向同一方向运动。

反向：指两个肢体向相反方向运动。

（五）场地的基本方位

为了准确说明练习者在场地上的运动方向，通常把开始确定的某一边（主席台）定位为基本方位的"1 点"。按照顺时针方向，每 45°为一个基本方位，将场地划分为 8 个基本方位。1 点：正前方；2 点：右前方；3 点：右侧方；4 点：右后方；5 点：正后方；6 点：左后方；7 点：左侧方；8 点：左前方。

二、形体训练的基本动作

形体训练的基本动作是进行形体练习的基础，它在形体锻炼中起着非常重要的作用。形体基本姿态的训练，是以人体科学为基础的形体姿态训练，是对练习者的身体形态进行的基础、系统的专门训练。练习者通过对身体各个部位形态的基本训练，可适度改变身体形态的原始状态，提高形体动作的灵活性和优美性，增强站姿、坐姿、走姿及姿态动作的规范性和美感。

（一）脚和腿的基本动作

1. 自然站立

站立是最重要的基本姿态，也是形态训练中最基础的内容。正确的站姿训练，可以改变练习者身体形态的原始状态，使其站立的姿态优美、端庄。

动作做法：两脚脚跟并拢，两脚脚尖分开 15～20 厘米的距离，身体重心落在两脚之间；臀部肌肉收紧，收腹立腰，挺胸，颈部伸直，抬头并略收下颌，两臂自然下垂，表情自然。

2. 开立

在进行上肢练习的过程中，大多数时间需要练习者保持两腿开立的姿势，以便稳定身体的重心。开立是在自然站立的基础上，调整两脚之间的距离。

动作做法：两脚向两侧分开站立，两脚开度约与肩同宽；脊背挺直，挺胸立腰，收腹提臀；身体的重心向上，保持双肩下沉。

3.脚点地立

进行脚点地立的各种练习，是练习者在身体重心置于单脚时，有效提高身体稳定性和控制力的一种锻炼方式，重点强调身体的有效控制和上肢基本姿态的保持。

动作做法：一脚站立，另一脚向前、向侧、向后伸出，脚尖点地。注意前、后点地时需脚尖绷直、脚面朝外；侧点地时脚尖绷直、脚面朝上。

4.芭蕾舞脚位

动作做法：

一位脚：两脚脚跟并拢，脚尖向外侧打开，两脚成一横线。

二位脚：两脚脚跟相对，左右分开相距一脚，脚尖向两侧打开成一横线。

三位脚：两脚脚尖向外侧打开，前脚外侧与后脚内侧重叠一半站立。

四位脚：两脚脚尖向外侧打开，前后平行，两脚间距离约一脚。

五位脚：两脚脚尖向外侧打开，前后平行重叠相靠。

（二）手臂的基本动作

1.两臂同方向的举

前举：两臂前举至水平，同肩宽，掌心向下、向上或相对。

侧举：两臂向两侧抬起至水平，掌心向上、向下或向前。

上举：两臂上举至垂直部位，掌心向前或相对。

前上举：两臂向前抬起至前上45°方向，掌心向上或向下。

前下举：两臂向前抬起至前下45°方向，掌心向上或向下。

侧上举：两臂向各自的侧方抬起至侧上45°方向，掌心向上或向下。

2.两臂不同方向的举

一臂前举，另一臂前上举。

一臂前上举，另一臂后下举。

一臂侧上举，另一臂侧下举。

一臂后上举，另一臂前下举。

动作要求：所有手臂举的动作方向要正，部位要准确，手臂必须伸直，肩部放松，身体姿势同站立动作的基本要求。

3.芭蕾手臂的基本位置

一位：两臂于体前成弧形，掌心向内，指尖相对，手臂稍离开身体。

二位：两臂保持弧形前举，稍低于水平位置，掌心向内，指尖相对。

三位：两臂保持弧形上举，位置稍偏前，掌心向内。
四位：两臂成弧形，一臂上举，一臂前举。
五位：两臂成弧形，一臂上举，一臂侧举。
六位：两臂成弧形，一臂前举，一臂侧举。
七位：两臂成弧形侧举，掌心向前。

参考文献

[1]曲宗湖,杨文轩. 学校体育教学探索[M]. 北京:人民体育出版社,2000.

[2]徐本力. 运动训练学[M]. 济南:山东教育出版社,1990.

[3]董传升. 科技奥运的困境与消解[M]. 沈阳:东北大学出版社,2004.

[4]爱德华·萨丕尔. 语言论[M]. 陆卓元,译. 北京:商务印书馆,1985.

[5]于涛. 体育哲学研究[M]. 北京:北京体育大学出版社,2009.

[6]董文秀. 体育英语:下册[M]. 北京:人民体育出版社,2009.

[7]伊恩·罗伯逊. 社会学:下[M]. 黄育馥,译. 北京:商务印书馆,1991.

[8]乔尔·科特金. 全球城市史[M]. 王旭,译. 北京:社会科学文献出版社,2006.

[9]卢元镇. 体育社会学[M]. 北京:高等教育出版社,2001.

[10]乔治·维加雷洛. 从古老的游戏到体育表演[M]. 乔咪加,译. 北京:中国人民大学出版社,2007.

[11]王祥荣. 生态与环境:城市可持续发展与生态环境调控新论[M]. 南京:东南大学出版社,2000.

[12]李元伟. 科技与体育:关于新世纪体育科学技术发展问题[J]. 中国体育科技,2002(6):4-9.

[13]王智慧,王国艳. 体育科技与体育伦理辨析[J]. 体育文化导刊,2012(6):146-148.

[14]曹庆雷,李小兰. 前沿科技与体育[J]. 山东体育科技,2004(1):37-38.

[15]张朋,阿英嘎. 科技与体育的对话:利弊述评[J]. 福建体育科技,2015,34(4):1-3.

[16]谢丽娜. 从奥运会比赛成绩看运动器材的变化[J]. 体育文史，2000（4）：52-53.

[17]杜利军. 奥林匹克运动与现代科学技术[J]. 中国体育科技，2001（3）：5-8.

[18]于涛. 从哲学角度再认识身体对揭示体育本质的意义[J]. 上海体育学院学报，2008（3）：18-20.

[19]张洪潭. 体育的概念、术语、定义之解说立论[J]. 西安体育学院学报，2006（4）：1-6.

[20]张庭华，李培，王颖，等. 走出体育语言：从语言学界的共识看媒体体育语言现象[J]. 体育文化导刊，2007（7）：50-54.

[21]周爱光. 体育本质的逻辑学思考[J]. 武汉体育学院学报，1999（2）：19-21.

[22]熊斗寅. "体育"概念的整体性与本土化思考：兼与韩丹等同志商榷[J]. 体育与科学，2004（2）：8-12.

[23]王春燕，潘绍伟. 体育为何而存在？：20世纪80年代以来我国体育本质研究综述[J]. 体育文化导刊，2006（7）：46-48.

[24]宋震昊. "体育"本体论（二）：体育概念批判[J]. 南京体育学院学报（社会科学版），2006（3）：1-6.

[25]胡科，虞重干. 真义体育的体育争议[J]. 南京体育学院学报（社会科学版），2010，24（4）：59-62.

[26]张军献. 寻找虚无上位概念：中国体育本质探索的症结[J]. 体育学刊，2010，17（2）：1-7.

[27]崔颖波. "寻找虚无的上位概念"并不是我国体育概念研究的症结：与张军献博士商榷[J]. 体育学刊，2010，17（9）：1-4.

[28]何维民，苏义民. "体育"概念的梳理及匡正[J]. 武汉体育学院学报，2011，45（3）：5-10.